Matthias Brodowy

Klappstuhl und ich!

Satirische Miniaturen

Mit Illustrationen von Malte Wulf

© 2023 zu Klampen Verlag · Röse 21 · 31832 Springe · zuklampen.de

Umschlaggestaltung: © Stefan Hilden auf Basis eines Designs
von Jon Flemming Olsen (www.zsr.de) und unter Verwendung eines Fotos
von Iris Klöpper (www.kloepper-fotodesign.de) · München · hildendesign.de
Satz: Germano Wallmann · Gronau · geisterwort.de
Druck: CPI – Clausen & Bosse · cpi-books.de

ISBN Printbuch 978-3-98737-011-3
ISBN E-Book-PDF 978-3-98737-380-0
ISBN E-Book-epub 978-3-98737-381-7

Bibliografische Information der Deutschen Nationalbibliothek
Die Deutsche Nationalbibliothek verzeichnet diese Publikation
in der Deutschen Nationalbibliografie; detaillierte bibliografische Daten
sind im Internet über ‹ http://dnb.dnb.de › abrufbar.

Inhalt

I Absturz

Vielleicht wäre der Mann nicht in den Gully gefallen, hätte ich nicht auf meinem Klappstuhl gesessen. Andererseits war ich es doch überhaupt, der ihn noch gewarnt hatte. »Obacht!«, rief ich ihm zu, als er schnurstracks auf das Gullyloch zulief. »Obacht!«

Überrascht schaute er noch zu mir herüber, dann war er auch schon verschwunden. Geräuschlos. Das wundert mich bis heute. Kein Schrei. Kein Aufprall. So, als läge am Grund der städtischen Kanalisation eine Weichbodenmatte, wie wir sie immer in den Schulturnhallen benutzt hatten.

Beim bloßen Gedanken an Weichbodenmatten in Schulturnhallen habe ich augenblicklich diesen unverwechselbaren Fußgeruch in meiner Nase. Ist doch seltsam. Obwohl man dort in der Regel Sportschuhe trägt, riechen sämtliche Turnhallen nach Fuß. Genau genommen nach Sportfuß. Denn zumindest meine Füße riechen eigentlich nicht so wie die Gesamtheit der Turnfüße mehrerer Generationen, deren Duftmoleküle in das PVC der Turnhallenböden diffundiert sind.

Mich würde interessieren, ob es Jahre, Monate oder vielleicht nur Wochen braucht, bis eine neue Turnhalle diesen Fußgeruch annimmt. Wahrscheinlich liegt es nicht an den Basketballern oder den Handballern, auch nicht an den Hallenhockeyspielern, sondern an den Turnern. Den Turnern, die nur hauchdünne Schläppchen an den Quanten tragen. Fußschweißdurchtränkte Schläppchen, aus denen beim Sprung über Bock oder Kasten mit Handstandüberschlag oder Salto vorwärts wie rückwärts oder gar doppeltem Rittberger, Schraube oder Auerbach die Schweißtröpfchen nur so herausfliegen und die gesamte Turnhalle durchaerosolieren.

Ob es wohl auch nach Fuß röche, lägen am Boden der städtischen Kanalisation Weichbodenmatten? Röche! Schöner

Konjunktiv. Wir sollten viel häufiger schöne Konjunktive verwenden. Kürzlich fragte mich ein Freund, ob ich schon das neue Album von Band XY gehört habe. »Band XY? Kenne ich nicht!«, antwortete ich wahrheitsgemäß.

»Band XY? Du kennst doch Band XY!« Er sah mich entgeistert an.

Ich antwortete: »Kennte ich sie, früge ich nicht!«

Ich kann nicht verstehen, wieso man es versäumt hatte, die Stelle um den offenen Gully abzusichern. In Deutschland ist sonst alles dreifach gesichert und mit Warnhinweisen versehen. An manch einer alten Holztreppe in Gründerzeitbauten prangen auf jeder Etage verschraubte Messingschilder mit dem prophylaktischen Dauerhinweis: »Vorsicht, frisch gebohnert«, aber kein Mensch bohnert mehr, außer vielleicht in Regionen, in denen man auch die Kehrwoche noch in geistig-moralischer Überlegenheit zelebriert. Im Norden Deutschlands kennt man dieses schwäbische Kulturgut der allsamstäglichen Reinigung gemeinschaftlich benutzter Bereiche wie Treppenhaus oder Bürgersteig so gut wie gar nicht.

Heute gibt es statt Messingtäfelchen nur noch diese gelben Aufklappschilder aus Plastik, die ausrutschende Strichmännchen zeigen, über deren Missgeschick ich jedes Mal, wenn so ein Schild meinen Blick kreuzt, schmunzeln muss. Ich bin ein wenig einfach gestrickt, was das angeht, und kann immer noch über den uralten Bananenschalengag lachen, wenn er mir irgendwo über den Weg schlittert. Im echten Leben habe ich noch niemanden auf einer Bananenschale ausrutschen sehen. Vielleicht sollte man einen Feldversuch mit mutwillig ausgelegten Bananenschalen starten, um zu überprüfen, ob die alte Schwarz-Weiß-Slapstickkomödie überhaupt einen faktenbasierten Hintergrund hat.

Die Nachlässigkeit im Falle des fehlenden Kanaldeckels jedenfalls hatte zur Folge, dass dieser ansonsten recht drahtig wirkende Endzwanziger mit Hipsterbart zwei Meter achtzig in die Tiefe fiel und von Glück reden konnte, dass die Feuerwehr später in der Lage war, ihn da wieder rauszuholen. Was sich allerdings nicht ganz einfach gestalten sollte.

Wie immer, wenn ich mit meinem Klappstuhl unterwegs war, hatte ich selbst natürlich kein Mobiltelefon dabei. Das war ja die Grundidee: nur Klappstuhl und ich. Und dann Leute gucken. Oder Landschaft. Oder beides. Da nimmt man kein Telefon mit. Ich wollte ja keine Ablenkung. Den Fokus nur auf die Wirklichkeit um mich herum. Sonst nichts.

Irgendetwas hatte der Hipster vor seinem Gullyfall in der rechten Hand gehalten. Ich könnte wetten, dass es ein Matcha Latte mit aufgeschäumter Hafermilch und Kurkumatopping war in einem wiederverwertbaren beigen Bambusbecher. Das ist natürlich ein Klischee, aber die Wahrscheinlichkeit, dass ein Endzwanziger mit akkurat getrimmtem Hipstervollbart einen Matcha Latte mit aufgeschäumter Hafermilch und Kurkumatopping in einem wiederverwertbaren beigen Bambusbecher bei sich trägt, ist mindestens so groß wie die Wahrscheinlichkeit, dass ein mit mehreren Schals behängter Fußballfan eine Halbliterdose Bier mit sich führt. Es besteht natürlich die rein theoretische Möglichkeit, dass der weltverschluckte Hipster auch eine Dose Bier in der Hand gehalten haben könnte. Dann selbstverständlich alkoholfreies Biobier mit drei Prozent Hanfsamenanteil in einer neuartigen Dose aus beschichteter Maisstärke, die sich nach dem Austrinken zur Rettung der Meere selbst zersetzt. Ich weiß nicht, ob es solche Dosen überhaupt gibt. Ich fänd' es begrüßenswert, tendiere persönlich aber auch zum wiederverwertbaren Becher. Muss gar nicht Bambus sein. Wegen der potenziellen Schadstoffe. Immer ist irgendetwas.

Auch die Biobiervermutung ist selbstverständlich wieder ein Klischee. Aber wir Menschen leben von Klischees, ansonsten wäre die Komplexität der Wirklichkeit nicht zu ertragen.

Nun lag der Hipster in der städtischen Kanalisation, neben ihm lief sein Kurkumalatte oder sein alkoholfreies Hanfbiobier aus, und ich wollte helfen, hatte aber kein Telefon.

Die ersten Passanten reagierten unwirsch, als ich sie bat, wegen des verschluckten Mannes doch bitte mal die 112 anzurufen. Einige suchten nach einer versteckten Kamera. Das sind die Nebenwirkungen von Fernsehen und Internet.

Überall wittern die Menschen Fake und Verarsche. Überall vermuten sie irgendeinen bis zur Unkenntlichkeit verkleideten Prominenten, der jeden Augenblick aus der Deckung springt und fragt, ob man Spaß verstehe. Und wenn dann wirklich mal etwas ist, so wie hier, hilft keiner mehr aus. Das ist sozusagen die postmoderne Version von Kierkegaards Clown, der durch die Straßen rennt und den Menschen zuruft, dass der Zirkus brenne. Und was tun die Menschen? Sie lachen! Weil sie gelernt haben, dass man über Clowns nun einmal lache. Derweil brennt der Zirkus nieder und der Ernsthaftigkeit des Clowns wurde sich niemand gewahr.

Wie dieser Clown kam ich mir nun vor.

Natürlich wirkt es für einen Unbeteiligten vielleicht ein wenig verworren, dass mal eben so ein Hipster mitten in der Stadt in einen Gully fällt.

Vielleicht hätte ich den Passanten das Ganze nicht so detailliert schildern sollen. Das mit meinem Klappstuhl, dem Handy, das ich dann wegen der Fokussierung auf Leute und Landschaft nie mitnehme, das mit dem Matcha Latte, dem Kurkumatopping, dem beigen Bambusbecher, dem hypothetischen Fußballfan mit seinen Schals, dem theoretisch möglichen Hanfbiobier und der potenziellen Lebensnotwendigkeit von Klischees. Ein einfaches »Mann im Schacht! Hilfe!« wäre vielleicht effektiver gewesen.

Die Rettungskräfte selbst wie auch die zeitgleich eintreffende Polizei entbehrten einer gewissen Freundlichkeit und vertrieben mich von meinem Platz, so als trüge ausgerechnet ich irgendeine Verantwortung für den Vorgang dieses außergewöhnlichen Verschwindens. Es dauerte eine Weile, bis sie mich als Zeugen akzeptierten und nicht als Gaffer ansahen, der sich erst nach dem Unglück mit seinem Klappstuhl dort hingesetzt hatte – was natürlich heutzutage im Rahmen des Denkbaren, mir jedoch völlig zuwider wäre.

Ich erklärte den Beamten, dass ich Augenzeuge sei, ja, dass ich dem Kanalforscher sogar noch ein beherztes »Obacht!« entgegengerufen und mich anschließend darum gekümmert habe, dass Hilfe gerufen wurde.

»Warum haben Sie eigentlich nicht selbst angerufen?«, fragte mich der Polizist, dessen Hose an der Innenseite seines rechten Oberschenkels eingerissen war. Ich bin kein Herrenausstatter, aber meiner Meinung nach war die Hose mindestens eine Nummer zu klein und stand deutlich unter Hochspannung. Ich war mir nicht sicher, ob ich ihn darauf hinweisen sollte. Aus der Klappstuhlperspektive sieht man manchmal Dinge, die man gar nicht sehen möchte, die auch überhaupt keine Relevanz für das eigentliche Geschehen haben und die letztlich dazu führen können, den zwischenmenschlichen Austausch eher zu erschweren. Ich vermutete, dass im Zuge der allgegenwärtigen Sparmaßnahmen nicht unbegrenzt neue Dienstuniformen zur Verfügung standen.

»Entschuldigen Sie, aber Ihre Hose ist dort gerissen.«

»Bitte was?«

»Ihre Hose! An der Innenseite des rechten Oberschenkels.«

Um nachzusehen, beugte sich der Beamte mit dem Oberkörper weit vornüber bei gleichzeitigem Absenken des Kopfes und der Verbreiterung seines eh schon recht breitbeinigen Standes. Es wirkte ein wenig mühsam, so wie bei einer missratenen Yogaübung. Ich bin im Yoga nicht wirklich bewandert. Aber wenn ich der vollführten Bewegung einen Namen geben sollte, dann so etwas wie »Nilpferd mit eingeschränkter Rücksicht bei Sonnenuntergang« oder etwas Ähnliches. Der Beamte und ich hörten eine Naht reißen.

Da ich mich nicht bewegt hatte, musste das Geräusch von ihm kommen. Ich war nie gut in Physik, aber meiner Ansicht nach hätte das gar nicht passieren können, da der vorhandene Riss ja bereits für einen gewissen Spannungsausgleich hätte sorgen müssen. Offenbar war diese Einsatzhose jedoch nicht nur eine, sondern satte zwei Konfektionsgrößen zu klein. Da wir das bedauerliche Geräusch nur hörten, den Riss aber nicht sahen, war eigentlich klar, an welch ungünstiger Stelle die Hose geplatzt sein musste. Der Beamte schaute mich mit diesem typischen Oliver-Hardy-Blick an – die zusammengepressten Lippen und dieser langsame Blickwechsel mit Stan Laurel, wenn dieser wieder irgendetwas gemacht hatte, was dazu führte, dass Mr. Hardy einen gravierenden Nachteil aus dem Geschehenen zog. Aber was kann ich für die Hose respektive den Körperfettanteil eines Polizeibeamten? Ich habe mit meinem eigenen BMI zu kämpfen. Und trotzdem überkam mich, der ich trotz aller Freiheitsliebe offenbar einen immer noch stark ausgeprägten preußischen Genpool in mir trage, die Sorge, dass er mich nun nicht nur für das Abgleiten eines Hipsters in den Untergrund in Haftung nehmen will, sondern auch noch für die Beschädigung staatshoheitlichen Eigentums.

Inzwischen zog die Feuerwehr den Gullyrutscher mit einer Seilwinde aus dem Loch. Sie hatten ihm eine Bergsteigermontur umgelegt und mit jedem Zentimeter, den er nach oben gehoben wurde, schrie er vor Schmerz. Immerhin, nach seiner vorangegangenen Sprachlosigkeit beim Sturz in den Gully war das nicht unbedingt zu erwarten. Ein gutes Zeichen, dachte ich. Er lebt und hat die Kraft, laut zu schreien. Man muss immer das Positive sehen. Gut, dass er nicht so dick war wie der Polizeibeamte oder ich. Dann hätte das drückende Eigengewicht in der Bergsteigerschlaufe den Schmerz wahrscheinlich exponentiell erhöht. Ich mag mir die Körperregionen, die dort gequetscht werden könnten, nicht ausmalen.

Sie hoben ihn immer höher. Ich hätte gedacht, dass es ausreichen sollte, ihn aus dem Loch zu ziehen und nach rechts oder links zu schwenken, um ihn dann sachte, aber zügig niederzulassen. Er jedoch schwebte inzwischen fast einen Meter über dem Boden. Und schrie weiter. Ich konnte nicht genau verstehen, was er da rief, es war doch recht unartikuliert. Der die Seilwinde bedienende Feuerwehrmann schrie auch, aber weil der Hipster ihn übertönte, konnte ich nicht verstehen, was der Mann von der Winde seinen Kollegen mitteilen wollte. Die hektischen Bewegungen, die er an der recht veralteten Maschine vollführte, ließen aber auf einen technischen Defekt schließen. Der arme Kerl in der Winde hing inzwischen zwei Meter über dem Boden, schaute selbst aber hinunter in das Kanalloch. Ich sah die Panik in seinem Gesicht. Ich kenne das. Wenn man im Schwimmbad auf dem Dreimeterbrett steht, sieht man ja über die Wasseroberfläche hinweg in die

Tiefe des Beckens, sodass, wenn man die eigene Körpergröße dazurechnet, meist ein Blick in etwa neun Meter Tiefe erfolgt.

»Runter, runter, runter!«, schrie er. Das konnte ich jetzt gut verstehen – wobei natürlich die Gefahr bestand, dass dieses unüberlegte »Runter« ihn direkt wieder zurück in den Gully beförderte. Der Deckel lag schließlich immer noch an dem Ort, an dem er sowieso nie hätte liegen dürfen. Warum, das konnte mir niemand so genau sagen. Offensichtlich waren die Zuständigkeiten hinsichtlich der Gullyfrage bei der Stadt nicht hinreichend geklärt.

Während die Feuerwehrleute sichtlich bemüht waren, die Ursache für die inzwischen auf etwa drei Metern Höhe feststeckende Winde herauszufinden, bekam die Kollegin des Hosenbeamten ob des Risses in Gesäßhöhe einen unbeherrschten Lachanfall, der so ansteckend war, dass ich ebenfalls einfiel, was sowohl vom Hosenmann als auch von den Feuerwehrleuten und dem sich an der Winde windenden Hipster missbilligend zur Kenntnis genommen wurde.

Der Hosenbeamte richtete sich auf und hob drohend seinen Zeigefinger.

»Ich behalte Sie ganz genau im Blick!«, sagte er, während er sich langsam rückwärts gehend von mir entfernte. Seine Augen waren dabei auf diabolische Weise zugekniffen. »Ganz genau!«, wiederholte er. Er trat einen weiteren Schritt zurück und wies mit seinem Zeigefinger auf mich wie mit dem Lauf einer Pistole. »Ich glaube Ihnen kein Wort, dass Sie mit dieser ganzen Sache nichts zu tun haben. Kein Wort!«

Schräg über ihm zappelte der Hipster in gut vier Metern Höhe. Noch ein Schritt und …

»Obacht!«, schrie ich dem Hosenbeamten noch zu, aber da war er auch schon im Gully verschwunden.

II Schnäppchen

Angefangen hatte alles mit einem Missverständnis. Und einem Anruf von meinem Kumpel Tommy. Tommy heißt eigentlich Thomas. Wie so viele in unserer Generation. Wir waren die Thomasse, die Andreasse, die Stephans, Martins, Christians oder Matthiasse. Und weil wir alle irgendwie gleich hießen und weil es von jedem von uns sowieso mehrere gab, haben die Andreasse auch auf Thomas gehört, die Matthiasse auf Martin und die Christians auf Stephan, wahlweise auch Stefan. Wir wussten jeweils schon, dass wir gemeint waren. Wir waren sozusagen ein Team. Und wir wurden damals alle verspitznamt. Aus Matthias wurde Matze. Aus Christian wurde Chrissie, aus Andreas wurde Andi und aus Thomas wurde halt Tommy. Nur zu Stephan sagten wir alle weiter Stephan.

»Sach' ma', wolltest du dir nicht einen Klappstuhl kaufen? Bin grad mit Katja in 'nem Gartencenter. Die hauen die Dinger raus. Vierzig Euro statt hundertfünfzig. Sollen wir dir einen mitbringen? Nette Optik und stabil. Hält sogar dich aus!« Tommy hielt sich wohl für origineller, als es sein Name vermuten lässt.

»Na toll!«, erwiderte ich. »Was soll das denn heißen?«

»Das soll heißen: ›Belastbar bis hundertfünfzig Kilo‹! Reicht doch, oder?« Tommy konnte über seine eigenen – vermeintlichen – Gags immer am meisten lachen. Sieht man von dieser Attitüde ab, war Tommy der beste Kumpel, den man sich vorstellen kann. Jemand, den ich guten Gewissens einen Freund nennen kann. Ich bin mit diesem Begriff ansonsten sparsam. Ich habe viele Bekannte, näherstehende und fernere Bekannte, gute Bekannte und sehr gute Bekannte, natürlich auch ausreichend bekannte Bekannte. Und selbstverständlich auch solche, die ich aus den Augen verloren habe. Quasi entfernte Bekannte.

Ein Freund hingegen ist für mich jemand, der immer für einen da ist. Tag und Nacht. Mit dem man durch dick und dünn gehen kann. Oder, wie Tommy in Bezug auf unsere Freundschaft jetzt wahrscheinlich sagen würde: durch dick und dick.

Hin und wieder kommt es vor, dass mich Tommy aus irgendeinem Möbelhaus oder einem Trödelladen anruft. Er ist Schnäppchenjäger aus Leidenschaft. Wo immer ein Preis reduziert ist, ist Tommy nicht weit. Mehr als die Hälfte der Schnapper vertickt er anschließend bei eBay-Kleinanzeigen mit einem kleinen Preisaufschlag.

Finanziell hat er seine Verkäufe überhaupt nicht nötig. Es macht ihm einfach nur Spaß. Seine kaufmännische Tätigkeit ist nicht nur ein Hobby, sondern auch ein Ausgleich zu seinem Beruf. »Zwischendurch mal was komplett anderes machen, einfach mal Luft holen«, so hat er es mir einmal erklärt. »Schnäppchenatmung also«, entgegnete ich ihm.

Tommy ist Lehrer für Latein und Sport. Eine nur auf den ersten Blick eigentümliche Kombination. »Mens sana in corpore sano!« sagt man ja auch. Gesunder Geist in einem gesunden Körper. Latein und Sport halt.

Ich kenne Tommy noch aus dem Geschichtsstudium. Wir haben vier Semester gemeinsam studiert, dann allerdings hat er die historische Fakultät verlassen und auf Sport umgeschwenkt.

Latein war immer schon seine große Leidenschaft. Es kann vorkommen, dass das Telefon klingelt und er sich meldet mit: »Salve, hic est Tommy. Hast du Lust, mit ins Thermopolium zu kommen? Paar frittierte poma terrestria mit lecker Cervisia?« Überall baut er lateinische Versatzstücke ein, um die tote Sprache lebendig zu halten. Und, na ja, Thermopolium klingt definitiv deliziöser als Pommesbude. Oder »Stehfresse«, wie man bei uns in der Familie seit jeher dazu sagte.

Vor Kurzem wurde in Pompeji wieder einmal ein Thermopolium ausgebuddelt. Ich staune, dass man da immer wieder etwas Neues findet. Eigentlich müsste doch längst alles entdeckt sein. Haben die bislang wirklich so nachlässig gegraben oder wollen die Archäologen etwa nachfolgenden Generationen das Glück einer eigenen Entdeckung nicht verwehren und lassen daher immer bewusst noch etwas liegen? Oder sie haben etwas gefunden, was einfach nicht zum gängigen Geschichtsbild passt und es schnell wieder eingegraben. Einen römischen Drive-in zum Beispiel. Ein sogenannter Cum-equo-in-caupona, mit dem Pferdewagen zu durchqueren. Vor meinem geistigen Auge fährt da ein Senator mit seinem Zweispänner vor und gleich an der ersten Säule sitzt ein operarius und sagt: »Herzlich Willkommen bei Ben-Hur-King, Ihre Bestellung bitte!«

»Einen Spartacus-Burger und einen Salat mit Caesar-Dressing!«

»Macht drei Sesterze! Bitte zur nächsten Säule vorfahren und Passierschein A38 bereithalten!«

Mir gefällt Tommys missionarische Schrulligkeit, hin und wieder eine parvam disputationem zu pflegen, also einen lateinischen Small Talk. Tommy könnte auch im Vatikan arbeiten. Dort werden ja moderne Begriffe, die die Römer nicht kennen konnten, ins Lateinische zurückübersetzt. Das ist ein bisschen wie der Versuch, Lenins Leiche per Mund-zu-Mund-Beatmung wieder zum Leben zu erwecken. Andererseits finde ich es durchaus amüsant. Das Internet zum Beispiel, das WWW, ist dann im Neulatein das TTT: das Tela Totius Terrae, in das man über ein instrumentum computatorium gelangt, auf dem man auch seine litterae electronicae lesen kann, also seine E-Mails. Elektrischer Strom heißt current electrica. Ein Kühlschrank ist ein apparatus frigorificus. Ein Thermomix hingegen ist ein Thermomix. Klingt nach Zeichentrick. Asterix, Obelix und der gallische Koch Thermomix.

Besonders gefällt mir der tabernae potoriae minister. Hinter diesem staatstragend anmutenden Beruf verbirgt sich der Berufsstand der Barkeeper.

So werden also Tag für Tag neue Wörter hinter den vatikanischen Mauern kreiert. Der perfekte Job für Tommy. Für den Vatikan ist Tommy allerdings entschieden zu ungetauft.

Tommys bessere Hälfte Katja ist auch Lehrerin. An der gleichen Schule. Mathe und Physik. Kann ich nicht verstehen. Also nicht nur ihre Fächerwahl, sondern Mathe und Physik an sich. Mathe und Physik habe ich noch nie verstanden. Ich wäre wegen Mathe fast um mein Abitur gekommen. In diesem Fach war ich so beschränkt – man kann es nicht anders formulieren, auch wenn es unpädagogisch klingt –, also noch mal: Ich war so beschränkt, wenn nicht gar doof, dass ich nicht einmal verstanden habe, wie der mehr als gnädig vergebene Anwesenheitspunkt zustande gekommen sein könnte. Wobei durch den einen Punkt eine grandiose binäre Konstruktion herauskam, denn ich selbst war ja eine Null. Null und eins. Unsere ganze digitale Welt basiert auf diesem System. Zu verdanken haben wir es dem hannöverschen Universalgelehrten Leibniz. Und wie haben wir es ihm gedankt? Indem wir einen Keks nach ihm benannten.

Was ich aber vor allem nie verstehen werde, ist, wie man als Paar an derselben Schule arbeiten kann wie Tommy und Katja. Ich fänd' das nicht so prall. Herr und Frau Meister. Katja hieß früher übrigens Jäger mit Nachnamen.

»Einen Klappstuhl haben die noch. Farbe ist doch egal, oder?«, fragte mich Tommy.

Das stimmte. Mir war die Farbe des Klappstuhls völlig egal. Ging ja nur um Zweckmäßigkeit. In meiner Wohnung fehlten Stühle. Bei Feiern konnten wir stets *Reise nach Jerusalem* spielen. Immer war ein Stuhl zu wenig da. Oder eben ein Gast zu viel. Das ist das einzig Gute an Beerdigungen. Da ist es immer einer weniger.

Der Vorteil an Klappstühlen ist, dass du sie einfach platzsparend im Keller oder in meinem Fall in so einem kleinen Kabuff deponieren kannst. Mein Kabuff befand sich gleich im Eingangsbereich rechts und war außergewöhnlich geräumig. Nicht, dass man sich dort länger hätte aufhalten wollen, aber es passten nicht nur Staubsauger, Bügelbrett und ähnliches Gedöns rein, es wäre sogar noch Platz für eine Person gewesen, um Verstecken zu spielen. Wobei ich in meiner Wohnung natürlich nie Verstecken spielte. Platz für einen Klappstuhl war in jedem Fall locker da.

Kabuff ist ein tolles Wort. Allein des Wortes wegen freue ich mich über mein Kabuff. Kabuff hat etwas Lautmalerisches, zugleich etwas Mysteriöses. »Kabuff« könnte das Geräusch sein, mit dem ein Magier einen Klappstuhl verschwinden oder erscheinen lässt: Kabuff! Es ist tragisch, dass unserer Sprache solch schöne Wörter verloren gehen. Und gerade deswegen sollte man sie ganz bewusst häufiger gebrauchen. Auch fachfremd. Zum Beispiel im Deutschen Bundestag mal mit diesem Wort eine Rede beenden: »… und deshalb werden wir vehement gegen den Gesetzentwurf der Regierung votieren und uns überdies vorbehalten, in diesem speziellen Fall das Bundesverfassungsgericht anzurufen. Kabuff!« Und dann verschwindet der Redner auf magische Weise.

Was die Farbe des Klappstuhles angeht, gäb' es durchaus welche, die ich nicht mag. Braun zum Beispiel ist nicht so mein Ding. Es gab eine Zeit, da waren braune Autos total angesagt. Kackebraun metallic. Eine Karre wie das grinsende Häufchen-Emoji.

»Ja«, sagte ich also zu Tommy. »Bring mal mit! Für vierzig Euro kann man eigentlich nix falsch machen.«

Aber genau das stimmt eben nicht. Auch für vierzig Euro kann man selbstverständlich etwas falsch machen.

Eineinhalb Stunden später tauchten die beiden freudestrahlend mit einem in meinen Augen für einen Klappstuhl überdimensionierten Pappkarton auf. »Tada!«, posaunte Tommy.

»Klasse!«, sagte ich. »Danke! Wollt ihr was trinken?«

»Nee, du, wir müssen zurück«, erwiderte Katja. »Wir haben das Auto voll und ich muss noch eine Arbeit korrigieren. Andermal.«

Der Satz »Ich muss noch eine Arbeit korrigieren« ist die ultimative Universalausrede von Lehrern. Nichtlehrer müssen auf »Du, mir geht es heute nicht so gut« ausweichen und laufen Gefahr, sich beim nächsten Treffen nicht mehr an diese handfeste Lüge zu erinnern, wodurch so mancher schon ins offene Messer gelaufen ist bei der späteren Nachfrage »Na, geht es dir wieder besser?«.

»Ich muss noch eine Arbeit korrigieren« hingegen ist glaubwürdig und lädt weiß Gott nicht zu Rückfragen ein. Bei mir jedenfalls nicht. Schon gar nicht bei Mathe und Physik.

Die vierzig Euro hatte ich schon bereitgelegt, außerdem eine Flasche Rioja als Dankeschön. Das Geld drückte ich Tommy in die Hand, Katja den Rioja.

»Danke noch mal!«

»Cum voluptate«, erwiderte Tommy.

Beide schlenderten zu ihrem Kombi zurück, einem stumpfblauen Volvo 960, Baujahr 91, mit H-Kennzeichen und einigen Roststellen, die Tommy konsequent antik als Patina bezeichnete. Am hinteren linken Radkasten konnte man ein ganzes Forum Romanum ausmachen. Jedenfalls war das noch ein echter schwedischer Volvo, ein Köttbullar auf Rädern mit integriertem Elchtest. Noch gänzlich ohne chinesische Investoren gefertigt. Skandinavisch fröhlich von Annikas und Pippis in Bullerbü zusammengeklöppelt. Und Tommy am Steuer. Passt!

Im Innenraum stapelten sich die Pakete vom Einkauf. Wo da mein Klappstuhl noch Platz gehabt hatte, war mir absolut schleierhaft. Es glich einem analogen Tetris-Spiel, so exakt waren die Pakete ineinander gestapelt. Kein Kubikzentimeter schien ungenutzt. Eine Meisterleistung. Aber für irgendetwas müssen Mathe und Physik ja auch gut sein. Beim Anlassen rußte es ordentlich aus dem knatternden Auspuff, aber der »Gentechnik im Essen – nein danke«-Aufkleber brachte die Ökobilanz wieder ins Lot.

Die gesamte Rückseite war zugepflastert mit Aufklebern. Alle erdenklichen Urlaubsorte wurden dort proklamiert. Außer natürlich Sylt. Allen anderen würde es längst schon nicht mehr einfallen, ihre blank geputzten Neuwagen mit Stickern von Urlaubsorten zu verunstalten. Außer natürlich Sylt.

Mit der unvermeidlichen Hast-du-sie-einmal-im-Ohr-kriegst-du-sie-nie-wieder-dort-raus-Melodie von Tetris ging ich zurück ins Haus.

Das Paket war wirklich entschieden zu groß für einen Klappstuhl. Ich fing an, den Karton zu öffnen. Mit meinem Daumennagel versuchte ich, die Klebebänder mittig zu durchtrennen, wobei mir der Nagel einriss. Frustriert ging ich in die Küche, um ein kleines Gemüsemesserchen zu holen. Vier

Stück besaß ich, aber drei waren irgendwie verschwunden, und das vierte befand sich in der Geschirrspülmaschine. Die lief natürlich gerade. Theoretisch kann man die Spülmaschine ja auch während des Spülvorganges öffnen. Ich mache das aber nie, weil ich mir vorstelle, wie dann plötzlich eine Flutwelle aus der Maschine meine Küche unter Wasser setzt.

»Spülvorgang«, das ist auch so ein typisch deutsches Wort. Wenn ich jemandem erklären sollte, was an der deutschen Sprache ganz besonders sei, dann sagte ich ihm, dass es wohl nur im Deutschen solch bürokratiegeschwängerte Wörter gäbe wie »Spülvorgang« oder »bürokratiegeschwängert«. Oder »vorsteuerabzugsberechtigt«. Oder »raumübergreifendes Großgrün«. Das ist bürokratisch für »Baum«. Deutsch ist so unglaublich korrekt, da bleibt keine Frage offen. Nur die nach dem Gemüsemesserchen. Ein echter Mann hätte jetzt natürlich ein Taschenmesser zur Hand, das er immer dabeihätte. Im Wald und auf der Heide, im Flur und in der Küche. Ich hatte auch irgendwo ein Taschenmesser. Ich bekam es mal geschenkt. Wahrscheinlich mit dem Subtext: »Werd mal ein echter Mann«. Ich hatte aber keine Ahnung, wo das Taschenmesser war. Nur, dass es sich nicht im Geschirrspüler befand, das wusste ich. Nützte mir aber nix.

Ich versuchte es also noch einmal ganz vorsichtig mit dem anderen Daumennagel. Es reichte ja eine kleine Sollbruchstelle, um mal bei schönen deutschen Wörtern zu bleiben. Ich klappte den Klappstuhlkarton auf. Hinter Folie und Styropor ahnte ich bereits, dass man für vierzig Euro eben doch etwas falsch machen kann.

Mein größtes Problem war nunmehr das Styropor. Ich hasse Styropor. Ich hasse die Haptik von Styropor, ich hasse die Optik von Styropor und ganz besonders hasse ich die Akustik von Styropor. Styropor ist für mich wie der kreischend rotierende Zahnarztbohrer für den Zahnarztphobiker oder wie ein Lehrerfingernagel, der gemeinsam mit der Kreide kraftvoll die Tafel entlangknirscht. Zumindest dort, wo es noch diese Tafeln aus dem letzten Jahrtausend gibt und keine Smartboards.

Gegen derartige Geräusche hilft es, laut anzuschreien. Wenn man lauter ist als das zerbrechende Styropor, bleibt die Gänsehaut aus. Natürlich muss man überlegen, was die Nachbarn denken. Mir war das in diesem Augenblick egal. Ich schrie wie ein japanischer Kampfsportler, während ich den Karton samt Folie und Styropor in kleine Stücke riss.

Ich weiß gar nicht, ob japanische Kampfsportler überhaupt schreien. Das ist doch wieder nur ein Klischee. Sumoringer zum Beispiel stampfen mit dem Fuß kraftvoll auf den Boden. Ich glaube, ansonsten schreien sie gar nicht.

Ich hingegen schrie mir also die Seele aus dem Leib, nur um am Schluss meine Befürchtung wahr werden zu sehen: Mein Klappstuhl war kein Klappstuhl. Also, eigentlich schon, aber auch wieder nicht. Er war nicht der Klappstuhl, von dem ich dachte, dass er der sei, der er sein sollte. Mein Klappstuhl war ein Liegestuhl. Zwar ist auch ein Liegestuhl ein Klappstuhl, weil man ihn ja auf- und zuklappen kann. So wie jedes Cabrio ein Auto ist, aber nicht jedes Auto auch ein Cabrio.

Ich wollte nun aber einen Kabuffklappstuhl und keinen Gartenliegestuhl. Ich hatte weder Garten noch Balkon und wollte einen Reservestuhl für den überzähligen Gast. Was zum Teufel sollte ich denn nun mit diesem verklappten Liegestuhl? Ich brauchte einen Plan!

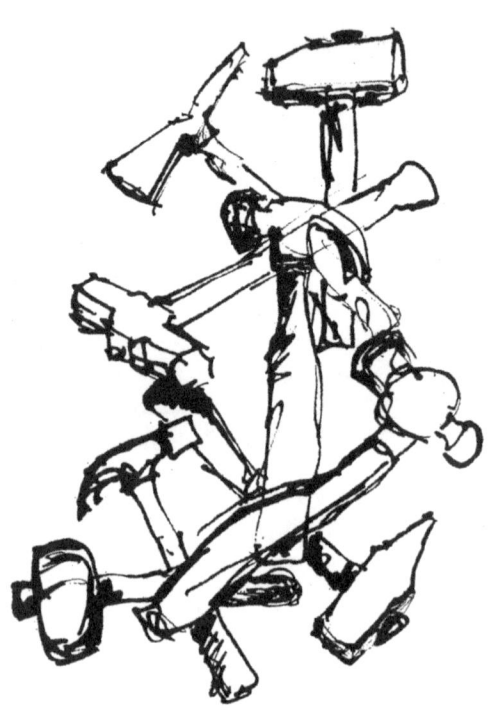

III Hammer

Zu den Eigenschaften, die ich an mir selbst nicht verstehe, gehört meine unentschuldbare Unvernunft, Dinge nicht zurück an ihren Platz zu legen.

Ich brauchte dringend meinen Hammer. Der war aber nicht im Werkzeugkoffer. In dem gleichen Werkzeugkoffer, in dem sich auch die Schraubendreher und die Zange nicht mehr befanden. Eigentlich war es gar kein Werkzeugkoffer mehr, weil alles, was einen Werkzeugkoffer ausmacht, nicht mehr darin war. Ich schaute mir seinen trostlosen Inhalt an: Da waren ein paar Nägel und Schrauben, kaputte Kabelbinder, aber immerhin auch mein Handyladekabel, das ich seit Langem vermisst hatte. Und eine Lakritzschnecke. Sie war knallehart. Schmeckte aber noch. Wo der kleine Schraubendreher abgeblieben war, wusste ich. Auf meinem Nachttisch. Den brauchte ich, als ich kürzlich die Batterie meines Weckers austauschen musste. Das Batteriefach war unsinnigerweise verschraubt. Eigentlich braucht kein Mensch mehr einen Wecker, schon gar nicht mit einem verschraubten Batteriefach. Längst hat das Smartphone als Universalgerät den Wecker, das Navigationsgerät, den CD-Spieler und zahlreiche andere Accessoires des täglichen Gebrauchs verdrängt. Ich dachte an all die Menschen, die in der Weckerindustrie tätig waren und die arbeitslos würden, und kaufte mir, quasi aus Staatsräson, erst kürzlich einen Wecker made in Germany. Jedenfalls dachte ich, dass er made in Germany sei. Zu Hause stellte ich nämlich fest, dass dort gar nicht »made«, sondern »designed« stand, und dass mein Wecker natürlich aus China kam. Gut, habe ich halt dort Arbeitsplätze in der Weckerindustrie gesichert. Trotzdem irgendwie ein Etikettenschwindel. Allerdings musste der Wecker bereits lange in der Auslage des Geschäftes gelegen haben, denn die Batterie war nach nur acht Wochen platt.

Mein Wecker nützte mir allerdings überhaupt nichts bei der Suche nach meinem Hammer. Da hätte mein Smartphone helfen können, zumindest, wenn ich an meinem Hammer einen Ortungschip angebracht hätte. So wie an meinem Schlüssel, den ich auch immer verlege und mittels meines Smartphones wiederfinde. So etwas gab es schon im letzten Jahrtausend. Solche Elektronikpieper, die man an einem Schlüsselbund befestigen konnte und die anfingen zu piepen, wenn man selber pfiff. Es war bescheuert, pfeifend durch die eigene Wohnung zu rennen, um zu hoffen, dass ein elektronisches Gerät am Schlüsselbund auf dieses Pfeifen reagiert und sich meldet. Ungefähr so bescheuert, wie heute jemanden zu bitten, er möge einen mal anrufen, weil man nicht wisse, wo man sein Handy hingelegt habe. Außerdem gibt es viele Leute, die gar nicht pfeifen können. Denen hat dieses Gerät überhaupt nichts gebracht. Ich glaube, deshalb hat es sich auch nicht durchsetzen können. Ilse Werner hatte bestimmt so ein Ding.

Ich fuhr also in den Baumarkt, um einen neuen Hammer zu kaufen. Es machte mir überhaupt kein Vergnügen, denn anders als die meisten anderen Männer kann ich Baumärkte nicht ausstehen. Ich habe zwei linke Hände, war nie ein Heimwerker und werde auch keiner mehr. Der schönste Platz im Baumarkt ist für mich die Hollywoodschaukel im Gartenbereich.

Im Prinzip war alles gut ausgeschildert und trotzdem war ich am Suchen. Ich musste nach oben und nahm die stufenlose Rolltreppe. Entlang der Rolltreppe waren auf der rechten Seite Verkaufsfächer mit Produkten angebracht, die kein Mensch dringend braucht, aber die man in der kurzen Zeit des Vorbeifahrens aus Mangel an Bedenkzeit vorsorglich mitnimmt. Wobei ich natürlich nicht »man« sagen darf, sondern »ich« sagen muss, denn ich kann ja nicht von mir auf andere schließen. Vielleicht rollen die anderen eiskalt an den Waren vorbei. Die echten Männer. Die Baumarktprofis. Die, die auch immer ihr Taschenmesser bei sich führen und im Schlaf die unterschiedlichen Körnungen von Schmirgelpapier herunterbeten können. Die greifen da bestimmt nicht zu. Die sind viel zu fokussiert auf ihre Hilti oder ihr Fugensilikonabdingszeug.

Beladen mit einem Textmarkerset in Neongelb, Neongrün und Neonrosa, einem Tausenderpack Klammern für meinen Bürohefter, einer Rolle Tesakrepp und zwei Klobürsten erreichte ich die obere Etage und ärgerte mich, nicht schnell genug die Arbeitshandschuhe für zweineunundneunzig gegriffen zu haben. Musste ich nach dem Runterfahren eben noch mal hochfahren. Dann würde ich auch die Rolle Tesakrepp gegen einen schwarzen Edding tauschen.

Schließlich stand ich vor den Hämmern. Als ich mir vergegenwärtigte, wie viele verschiedene Arten von Hämmern existierten, war ich überfordert. Welcher ist der richtige? Ich musste an Ingo Insterburg denken und seine Liedzeile »Ich komme aus Hamm! Ich bin behämmert!« und fing an zu lachen. Dummerweise fühlte sich der Muskelprotz neben mir angesprochen, schaute mich böse an und ich versuchte ihm zu erklären, dass Ingo Insterburg ein derart schneidiger Typ war, dass er überall ein Liebchen hatte. Das schien ihn noch mehr zu irritieren.

»Sach' ma', was soll denn der Quatsch? Kein Mensch heißt Ingo Insterburg! Oder bist du Jochen Jakobsweg?« Der latent aggressive Unterton gefiel mir gar nicht.

Aus Sorge vor einer Überreaktion des Muskelpakets schlenderte ich kurzzeitig in die Lampenabteilung, obwohl ich keine Lampen brauchte. Reine Vorsichtsmaßnahme. Ich überlegte kurz, ob ich ein paar LED-Leuchtmittel mitnehmen sollte, wusste dann aber natürlich nicht, ob ich einen GU5.3-Sockel, einen Bajonettverschluss oder eine zweischlaufige Steckverbindung benötige. Können die sich nicht auf eine Fassung einigen? Wenn ich Bundeskanzler wäre, dann kümmerte ich mich persönlich darum. Nur eine Fassung. Nach mir benannt.

Als ich zurückkam, war der Protz weg. Stattdessen stand dort jetzt ein älterer Herr im Gang. »Na, das ist ja der Hammer!«, sagte ich, offenbar in einer Übersprunghandlung, zeigte auf die Hämmer, lächelte ihn an und ergänzte: »Ich weiß, wo der Hammer hängt!«

Der Mann schaute mich irritiert an und drehte sich weg. Ich griff mir den mittelsten Hammer, den es gab. Mittelgroß, mittelteuer, mittelschwer. So wie die meisten Leute bei einem Kaffee zum Mitnehmen auch am ehesten die mittlere Variante wählen, wenn es klein, mittel und groß gibt. Wir leben eben im Land des Mittelmaßes.

Eigentlich, dachte ich, dürfte es gar nicht so viele Hämmer im Baumarkt geben. Denn normalerweise hat doch jeder und jede einen Hammer zu Hause. Und es können ja nicht alle so unordentlich sein wie ich und ihren Hammer verbaseln. Also dürfte doch kaum einer einen weiteren Hammer kaufen müssen. So ein Hammer, das ist doch im Normalfall etwas, das kauft man sich nur einmal im Leben. Oder man erbt ihn sogar. Oder erhält ihn als Werbeprämie zu einem Zeitschriftenabo. Und ein Hammer hält doch bei sachgemäßem Gebrauch recht lange. Quasi ewig. Wenn es ein guter ist. Da sollte man nicht sparen. Niemals.

Ich ging noch mal zurück und tauschte den mittelmäßigen Hammer gegen den teuersten ein.

Ich nahm die Rolltreppe nach unten, entdeckte zum Glück auch auf dieser Seite rechts in den Rolltreppenimpulskaufkästchen die Arbeitshandschuhe für zweineunundneunzig und griff zu. Eddings gab es auch, nur mein Tesakrepp wurde ich nicht wieder los. Das gab es nur auf der anderen Seite. Das machen die doch extra, dachte ich und schnappte mir im Vorbeifahren noch eine Malerabdeckfolie. Die kann man immer mal gebrauchen. Auch wenn die dickeren Planen eigentlich besser sind. Aber so hätte ich zumindest grundsätzlich etwas zum Abdecken. Obwohl ich zu Hause gar nichts hatte, was hätte abgedeckt werden müssen. Anders gesagt: Ich besaß nun sozusagen eine Präventivfolie. Der Klügere sorgt vor.

Vor mir fuhr der bullige Typ von vorhin und blieb nach dem Verlassen der Rolltreppe direkt an der Rolltreppenausstiegsstelle stehen, um sich zu orientieren. Um einen Aufprall zu verhindern, ging ich genau im Fahrttempo rückwärts die

Rolltreppe zurück, sodass ich auf der Stelle lief, bis er endlich weiterging. Nie werde ich verstehen, wieso manche Leute nicht darüber nachdenken, dass hinter ihnen noch andere auf der Rolltreppe fahren könnten. Uns fehlt doch ziemlich oft die Rücksicht.

Auch auf dem Weg zur Kasse soll man im Baumarkt noch einmal ordentlich zugreifen und Gartenhäcksler, Hochdruckreiniger oder die dazu passenden Aufsätze kaufen. Je näher ich der Kasse kam, desto kleiner wurden die Geräte. Kehrblech, Küchenrollenhalter, Thermoskanne, kleiner Campingklapptisch. Ich blieb davor stehen. Dieser Beistelltisch mit ineinanderschiebbaren Beinen war tatsächlich so klein, dass er problemlos in meinen Rucksack passte. Zehn Euro. Ich überlegte kurz, was Tommy jetzt machen würde, und griff zu. Die Thermoskanne mit aufgeschraubtem Becher in Edelstahloptik nahm ich auch mit. Ebenfalls für zehn Euro. Schnappertag.

An der Kasse war es zum Glück leer.

»Haben Sie eine Kundenkarte?«, fragte mich der Kassierer.

»Nein.«

»Wollen Sie denn eine Kundenkarte?«

»Nein. Das lohnt sich nicht bei mir.«

»Doch! Das lohnt sich schon beim ersten Einkauf.«

»Wie viele Prozente sind das denn?«

»Bei uns gibt es keine Prozente, sondern Punkte. Die werden Ihnen am Ende des Jahres gutgeschrieben.«

»Und dann bekomme ich die ausgezahlt?«

»Nein, das wird mit dem ersten Einkauf im neuen Jahr verrechnet.«

»Ach, wissen Sie, ich glaube, ich komme wahrscheinlich so schnell nicht wieder.«

»Aber man braucht doch immer mal was von uns.«

»Nein, ich bin ja nur wegen des Hammers hier.«

Der Kassierer scannte die Textmarker, die Heftklammern im Tausenderpack, das Tesakrepp, die Klobürsten, die Arbeitshandschuhe für zweineunundneunzig, die drei schwarzen Eddings, die Malerabdeckfolie, den Campingklapptisch, die Thermoskanne und den Hammer ein. Ich zahlte mit Karte.

»Das wären jetzt vierundachtzig Punkte gewesen. Wenn Sie die Coupons in der App hätten, sogar hundertachtundsechzig. Und heute ist Aktionstag, da gäb' es mit Kundenkarte beim Kauf von zwei Klobürsten noch einen Spülduftstein gratis dazu.«

»Ach, das ist natürlich schade.«

»Ab dem 15. sind dann auch Büropflanzenwochen. Das letzte Mal gab es auf den Ficus Benjamini mit Kundenkarte fünfzig Prozent Rabatt.«

»Ah ja.«

»Ich gebe Ihnen mal den Prospekt mit, falls Sie beim nächsten Mal einen Rasenmäher kaufen. Dann lohnt es sich richtig ...«

»Ich habe ja gar keinen Garten.«

»Na ja – oder Raufasertapeten. Das gilt ja für das ganze Sortiment.«

»Ja, danke. Dann überlege ich es mir noch mal.«

»Ja, machen Sie das.«

»Mache ich.«

»Hätte sich heute schon gelohnt.«

»Na, nu is' ja zu spät.«

»Nein, das wäre kein Problem, das könnten wir noch hinkriegen. Soll ich das noch mal –«

»Nein, nein! Vielen Dank, ich muss jetzt wirklich los.«

»Dann noch einen schönen Tag!«

»Ach, ich glaube, ich bräuchte doch noch eine Tüte!« Ich nahm mir eine und legte sie auf das Kassenband.

»Das macht fünfundzwanzig Cent.«

Ich nahm meine EC-Karte aus dem Portemonnaie.

»Oh, Kartenzahlung geht erst ab fünf Euro.«

»Ich habe leider kein Bargeld mit.« Ich überlegte, ob ich die Sachen nicht auch so mitkriegen würde. Im Markt ging es ja eben auch. Aber dann fliegt mir alles durchs Auto, dachte ich. Ich nahm drei Schokoriegel und eine Packung Kaugummi aus dem Aufsteller vor der Kasse, bezahlte mit meiner Karte und fing an meine Sachen einzupacken.

»Mit der Kundenkarte wäre die Tüte beim ersten Einkauf übrigens kostenlos gewesen.«

»Soso.« Ich nahm meine Einkäufe und machte mich auf den Weg.

»Wenn Sie noch etwas brauchen, ich bin noch länger hier.« Er grinste mich an.

»Ja, is' klar. Tschüss!«

»Wiedersehen. Und noch mal: Schönen Tag!«

»Ihnen auch!« Ich drehte mich doch noch einmal zu ihm um. »Ach so. Falls mal ein Vertreter der Hammerfirma hierherkommt, sagen Sie ihm doch bitte, dass es gar nicht so verkehrt wäre, einen Chip in den Hammer einzubauen, damit man den mit dem Smartphone orten kann.«

IV Partnerlook

Der Tag, an dem ich zum ersten Mal mit meinem Klappstuhl loszog, war ein Montag. Normalerweise wäre das einer dieser klassischen Montage geworden, die mindestens sechsunddreißig Stunden hätten haben müssen. Einer dieser Montage, an denen seit dem frühen Morgen pausenlos das Telefon geklingelt hätte.

Die Hälfte der an einem Schreibtisch arbeitenden Menschen geht montags in eine neue Arbeitswoche und nimmt sich vor, erst einmal Telefonate zu führen. Die andere Hälfte will mit der Arbeit beginnen, wird aber unentwegt von der ersten Hälfte angerufen und kommt zu nichts.

An diesem Montag hätte nur das regelmäßige »Pling« des Computers, das gleich einem Herold eine eintreffende E-Mail verkündete, die Telefonate unterbrochen und die Erweiterung der To-do-Liste angemahnt. Wie schön wäre es, verschwänden mit solch einem »Pling« die Stapel unerledigter Arbeit und niemand vermisste sie. Vielleicht sollte ich in den *Harry-Potter*-Romanen nach einem Zauberspruch suchen, der dies möglich machte. »Evanesco Documenta!« könnte vielleicht funktionieren.

Es wäre also ein solch klassischer Montag gewesen, an dem mir die Zeit davongerannt wäre und sich die Stapel weiter aufgetürmt hätten. Aber es kam ja dank meines Klappstuhles zum Glück ganz anders.

Am Abend zuvor waren Katja und Tommy noch bei mir vorbeigekommen. Ich hatte mich beim Öffnen der Tür fürchterlich erschrocken: Sie trugen beide die gleiche Jacke. Partnerlook. Das nackte Grauen. Oder in diesem Fall: das bekleidete Grauen. Das ist eigentlich der Augenblick, wo man insbesondere zu Freunden ganz ehrlich sein müsste. Partnerlook geht gar nicht! Das ist so was von Achtziger. Sie hatten Outdoorjacken an, wasser- und winddicht, atmungsaktiv, schwarz und mit zahlreichen leuchtend orangenen Applikationen ausgestattet, die bei Lichteinfall meilenweit reflektieren, sodass man bei einer nächtlichen Survivalwanderung durch die Sahara nie Gefahr liefe, von einem zufällig vorbeifahrenden Auto nicht gesehen und überfahren zu werden. Ob die Designer an Wildtiere gedacht haben, deren Jagdinstinkt durch die Reflexionen ebenfalls ausgelöst werden könnte? Bestimmt ist in die Jacke noch eine Signalpfeife eingenäht, mit der man sich im Notfall Hilfe herbeipfeifen kann. Oder Leuchtmunition. Oder ein extrem flacher Fallschirm.

Outdoorjacken sind wie SUVs. Die meisten SUV-Fahrer leben in der Stadt, Einfamilienhaus mit Doppelgarage, und die Puschen ihrer Karren haben noch nie schlammigen Wald- und Feldboden berührt. Ebenso sind die wenigsten Outdoorjackenträger auf dem Weg zum Gipfel des Mount Everest, sondern fahren mit dem E-Bike in den Supermarkt. Trotzdem suggerieren die Jacken ein nachhaltiges Lebensgefühl – und das, obwohl sie letztlich irgendwann als kleine Plastikschnipsel im Bauch eines Fisches landen und am Ende der Nahrungskette dann in den menschlichen Mägen. Woche für Woche fressen wir schon ohne Fischverzehr etwa fünf Gramm Mikroplastik. Das entspricht einer Scheckkarte. Pro Woche! Das muss man sich mal vorstellen. Das kann doch schwere Bankenkrisen auslösen, wenn wir all unsere Karten aufessen.

Preislich gibt es bei Outdoorjacken nach oben hin kaum Grenzen und das, obwohl fast alle diese Jacken trotz aller nach außen getragenen Ökophilosophie aus irgendwelchen Billigfabriken in Fernost kommen. Die Marge bleibt an der Marke haften und die Marke ist alles. Hauptkäufergruppe sind Akademiker, politisch eher links, vermeintlich nonkonformistisch und finanziell so gut situiert, dass die Zielgruppe in der Lage ist, sich gleich zwei dieser Jacken im Partnerlook zu kaufen.

Katja drückte mir eine Flasche Wein in die Hand. Ein Rioja. Der kam mir irgendwie bekannt vor.

Ich war froh, dass sie mich vom Schreibtisch wegrissen, obwohl dort noch dringende Sachen zu erledigen waren. Mache ich morgen früh, dachte ich, wie ich es schon gestern und vorgestern gedacht hatte, knipste das Licht im Arbeitszimmer aus und ging gemeinsam mit den beiden ins Wohnzimmer. Draußen war es schon dunkel, es hatte gerade aufgehört zu regnen und war angenehm lau. Noch nicht sommerlich warm, aber die Kühle des Aprils lag hinter uns. Halt einer der ungefähr siebzehn Tage im Jahr, an denen der Deutsche seine Übergangsjacke tragen kann, sofern er kein aufeinander abgestimmtes Outdoorjackenset mit seinem Partner besitzt. Blütenduft strömte durch das offene Fenster hinein.

»Du siehst stercus aus!«, sagte Tommy und runzelte dabei die Stirn.

»Stercus?«, fragte ich.

»Stercus!«, bekräftigte er. »Scheiße!«

»Na, das ist ja nett«, erwiderte ich. »Ich sitze seit heute Morgen um neun am Schreibtisch. Aber die ganze Woche war verkorkst. Ich bin fix und foxi.« In dem Augenblick, als ich das gesagt hatte, zuckte ich innerlich zusammen: Das wolltest du doch nicht mehr sagen!, rügte ich mich. Ich bin fix und foxi. Das ist eine furchtbare Redewendung. Fix und Foxi kennen nur noch die, die so alt sind wie ich oder älter. Ich selbst habe diese beiden Comicfüchse nie gemocht. Donald und Dagobert, ja, Asterix sowieso, Lucky Luke, alles, nur nicht Fix und Foxi. Keine Ahnung, warum. Es sprach mich nicht an. Und wer heute noch »Ich bin fix und foxi« sagt, klingt dabei wie Ned Flanders von den *Simpsons* mit seinem geflöteten »Okilly Dokilly«.

»Prost!«, wollte ich sagen, durch meinen Kopf schwirrte aber noch Ned Flanders, daher rutschte mir aus Versehen ein »Prösterchen!« heraus. Es wurde immer schlimmer. Wir stießen an.

»Der Tag hat einfach zu wenig Stunden. Oder die Woche zu wenig Tage. Oder beides. Aber ganz ehrlich, wenn das so weitergeht, klapp' ich zusammen.«

»Mensch, Matthias.« Katja legte ihre Hand auf meinen Oberschenkel. »Du musst mal ein bisschen kürzertreten. Lass den ganzen Kram doch einfach mal liegen.«

Mal liegen lassen ... Lehrer, schoss es mir durch den Kopf, ich sagte es aber nicht. Auch weil ich weiß, wie ungerecht und billig es ist, über Lehrer abzulästern. Gibt doch in jedem Beruf solche und solche. Und ich bin fest überzeugt, dass die faulen Säcke in der Minderheit sind. Nur fallen sie halt besonders auf. Und dann gibt es eben die vielen anderen. Ich kenne genügend Lehrer, deren Lebensinhalt die Schule ist. Leidenschaftliche Pädagogen, die in ihrem Beruf aufgehen und eigentlich ständig im Dienst sind. So wie Katja und Tommy. Pauker mit Leib und Seele. Schule ist ihr erster Lebensinhalt und ich gebe zu, dass auch das wiederum manchmal anstrengend sein kann.

»Tom hat recht«, sagte Katja, die Tommy nie Tommy nannte, weil sie das albern fand. »Du siehst wirklich nicht gut aus. Ich mache mir Sorgen.«

»›Nicht gut‹ ist eine drastische Untertreibung«, ergänzte Tommy. »Dein Wasserleichenteint müsste eigentlich jede Mordkommission auf den Plan rufen.«

»Du hast deinen Knigge heute aber auch im Sack gelassen«, entgegnete ich. »Diese Woche noch, dann wird es ein bisschen ruhiger.« Dieser Satz ist natürlich eine der handfestesten Lügen des Selbstständigendaseins. »Diese Woche noch, dann wird es ein bisschen ruhiger« ist quasi das Pendant von »Du, ich muss noch eine Arbeit korrigieren«.

Ich mag es nicht, über mich und meine Befindlichkeiten oder womöglich über meine Probleme zu reden. Aber das ist eigentlich verkehrt. Man sollte es tun, das weiß ich wohl. Aber gleichzeitig gibt es einen unausgesprochenen Konsens in unserer Gesellschaft, dass man zwar jederzeit wonnige Kalendersprüche für dich bereithält, von wegen »Carpe diem« und dieser ganze Mist, und jeder hat einen guten Rat für dich auf Lager, aber wenn es dich wirklich mal richtig erwischt, wenn es dir elendig geht und du es offen aussprichst, dann stößt du auf taube Ohren. »Kopf hoch, wird schon wieder!« oder »Reiß dich mal ein bisschen zusammen!«. Das sind die Sprüche, die du hörst, wenn du tatsächlich mal einen Teil deiner Seele preisgibst.

Deine Leistung wird gefordert. Von »Carpe diem« will dann keiner mehr etwas wissen. Stattdessen bekommst du andere Tipps: Mach dir doch zur Beruhigung einen grünen Tee. Autogenes Training soll auch helfen. Du kannst auch Mandalas malen. Oder gemalte Mandalas ausstanzen. Oder im Mondschein um ausgestanzte Mandalas tanzen. Oder Traumfänger klöppeln. Und im Zweifel trink doch einfach einen Schnaps.

Nein, wenn du wirklich mal am Abgrund stehst, schauen allzu viele geflissentlich weg.

Ich hatte zwar absolutes Vertrauen zu Katja und Tommy und konnte mir sicher sein, dass auch sie grundehrlich zu mir waren. Und genau darin drückt sich für mich eine echte und verlässliche Freundschaft aus. Aber trotzdem habe ich mich nicht getraut, ihnen zu offenbaren, dass ich seit gestern komplett blockiert war. Die letzte Woche hatte ich zwar tatsächlich wie ein Besessener durchgearbeitet. Seit gestern aber ging gar nichts mehr. Ich hatte den ganzen Tag am Schreibtisch gesessen und trotzdem nichts geschafft. Und zwar gar nichts. Nur auf die ungeöffneten Briefe, die nicht beantworteten E-Mails, die durcheinandergeratenen Papiere und die vielen angefangenen Textseiten geglotzt, und plötzlich war der Tag vorbei. Ich hatte acht Stunden am Schreibtisch gesessen und nur apathisch auf all diese Stapel unerledigter Dinge gestarrt. Das glaubt dir ja keiner, dass so etwas möglich ist. Und genau das ist das Problem dieser Kalenderspruchgesellschaft, die dann sanftmütig solche aberkitschigen Wattebauschbomben raushaut wie »Tränen kann man abwischen, Gefühle nicht!«. Nein, denke ich dann. Frag mal deine Klorolle, was man abwischt!

Die Social-Media-Plattformen sind voll von mantraartigen Klugscheißereien wie »Wenn du stark sein willst, musst du lernen, allein zu kämpfen!«, die im Akkord heruntergebetet werden. Dazu ein Katzenfoto mit Sonnenaufgang am Meer, und die Welt ist wieder in Ordnung. »Wenn du stark sein willst, musst du lernen, allein zu kämpfen!«. Vielleicht will ich gar nicht stark sein. Vielleicht will ich viel lieber schwach sein und schwach sein dürfen.» ... musst du lernen, allein zu kämpfen!« Nein! Ich will nicht schon wieder zuallererst etwas müssen, nur damit es mir ein bisschen besser geht. Und kämpfen schon gar nicht. Vielleicht wäre es wünschenswert, wenn diese Gesellschaft einfach lernte, Schwäche zu akzeptieren.

Meine Gedanken überschlugen sich und ich dachte, ich sollte dringend die Stille durchbrechen und endlich mal ganz offen sein und es ihnen sagen.

»Prost!«, brachte ich stattdessen hervor und wir erhoben die Gläser erneut. »So jung kommen wir nicht mehr zusammen!« Wieso haue ich eigentlich selbst ständig solche Sprüche raus? Manchmal scheinen sich meine Synapsen völlig autonom zu verknüpfen und ohne, dass ich es will, entstehen dann derartige Leersätze.

»Lecker, der Wein! Sehr lecker!«, äußerte ich mich zu dem Rioja und musste grinsen. Katja strich sich verlegen eine Haarsträhne hinter das rechte Ohr und machte sich etwas Crushed-Ice in den Rotwein. Eigentlich war das für das Wasser gedacht. »Man trinkt den ja nach neuesten Erkenntnissen gar nicht mehr bei Zimmertemperatur«, entschuldigte sie sich, nahm einen Schluck und begann, das Eis im Mund zu zerkauen. Das hasse ich wie die Pest. Eiswürfel zu zerkauen, ist noch schlimmer als Styropor zu zerreißen. Irgendwie werden dabei die gleichen Synapsen getriggert.

Anders als beim Styropor konnte ich nun nicht plötzlich anfangen, laut zu schreien, um die Knirschgeräusche zu übertönen. Das hätte die beiden vielleicht etwas zu arg verwirrt.

Gänsehaut übersäte meine gesamte Körperoberfläche. Katja zerbiss genüsslich die Eisbrocken, und ich kam mir vor wie das Tanzorchester auf der Titanic und versuchte, dieser kreischenden Crushed-Ice-Krise zum Trotz, die Konversation souverän weiterzuführen.

Ich hatte mir den Beutel Crushed-Ice vorhin von der Tankstelle geholt. Dabei kam ich mir so entsetzlich dämlich vor. Zwei Kilo gefrorenes Wasser für 3,49 Euro, nur um dann wie von der Tarantel gestochen nach Hause zu eilen, damit es ja nicht schmilzt. Schmölze es, dann hätte ich einen

Beutel Leitungswasser im Wert von 0,345 Cent gehabt. Cooles Geschäftsmodell, solange es Blöde wie mich gibt.

»Sag mal, wo ist eigentlich der Klappstuhl, den wir dir neulich mitgebracht haben?«

V Birgitta

Und nun war es also Montagfrüh, halb sechs, fünf Uhr dreißig, und ich lag schon länger wach. Ich beschloss, heute nicht zu arbeiten, sondern raus aufs Land zu fahren. Meinen Schreibtisch ließ ich hemmungslos vollverstapelt zurück und fuhr samt Vierzig-Euro-Liegestuhl, den ich aber letztlich doch als Klappstuhl akzeptierte, und Zehn-Euro-Campingtisch mit der S-Bahn vor die Tore der Stadt. Das allererste Mal. Gegen sieben Uhr erreichte ich mein Ziel.

Vier Stunden später war es erst kurz nach halb neun. Quasi. Also gefühlt.

Ich hatte meinen Klappstuhl wie auch meinen Campingtisch an einem Feld mit blühendem Raps aufgebaut. Es war noch ein wenig frisch, die morgendliche Diesigkeit hatte sich gelegt und der Himmel war nahezu postkartenblau. Die Wirklichkeit kann manchmal fehlfarbig photoshopmäßig aussehen, eine verstörend verzaubernde Kitschigkeit.

Mein Smartphone hatte ich bewusst zu Hause liegen lassen. Wie schön, des Öfteren einfach unerreichbar zu sein. Als Katja das durch Zufall einmal mitbekam, war sie vollkommen perplex. »Nimm das Ding doch mit und mach den Flugmodus an. Du kannst doch nicht ohne Handy aus dem Haus. Stell dir vor, du hast einen Platten und kein Flickzeug dabei.«

»Genau«, sagte ich. »Man stelle sich das vor! Einen Platten, kein Flickzeug und kein Handy dabei. Das wäre ja, das wäre … Um Himmels willen, was dann alles geschehen kann. Man hat ja inzwischen schon häufiger Skelette von Radfahrern gefunden, die einen Platten, kein Flickzeug und kein Handy dabeihatten.«

Katja konnte darüber gar nicht lachen. »Ja, oder du gehst in irgendein altes Gemäuer, hinter dir fällt die Tür zu und innen gibt es nur einen Knauf.«

»Warum sollte ich in irgendein altes Gemäuer gehen?«

»Weiß nicht, ist aber alles schon passiert. So, und dann bist du da drin und kannst keine Hilfe holen. Jetzt komm mir noch mal mit deinen Skeletten. Das ist nämlich gar nicht witzig.«

»Gut, dann verspreche ich dir, dass ich grundsätzlich nicht in irgendwelche alten Gemäuer gehe. Ich glaube, es gibt hier auch gar nicht so viele alte Gemäuer, in denen man sich einsperren könnte.«

Mein Kalkül bei der Klappstuhl-Smartphoneabstinenz war ein psychologisch-mathematisches. Normalerweise rennt uns die Zeit weg, weil wir pausenlos irgendetwas machen. Und wenn wir nichts machen, machen wir eigentlich gar nicht nichts, sondern schauen augenblicklich aufs Handy.

Interessanterweise holen viele Menschen zum Beispiel sofort ihr Smartphone raus, sobald sie auf dem Klo sitzen. Es ist gut, dass noch nicht automatisch zu jeder Nachricht der Ort mitgeschickt wird, an dem sie geschrieben wurde. Wer möchte schon ein Herzchen oder Küsschen bekommen, wenn man weiß, es wurde zwischen Drücken und Wischen verschickt?!

Wir haben völlig verlernt, einfach mal nichts zu machen. Und genau dadurch rennt die Zeit umso mehr. Und durch unsere Daueraktivität und die permanente Berieselung haben wir das Gefühl, der Tag ist mit vierundzwanzig Stunden viel zu knapp bemessen. In gewisser Weise werden wir heute zwar alle älter als die Menschen vor hundert Jahren, aber durch die rasende Zeit wird uns dieser Mehrwert wieder genommen. So hatten die Menschen von früher, die kürzer gelebt haben, eigentlich sogar mehr Zeit als wir heute. Oder besser gesagt: Sie erlebten die Zeit intensiver, weil sie ja viel härter schuften mussten. Ob verschuftete lange Zeit allerdings besser ist als berieselte kurze, ist wohl keine Frage.

Meine Idee war nun, an irgendeinen Ort zu gehen, an dem sich sonst nichts anderes befindet. Ich nahm keinerlei Ablenkung mit, sodass ich mich mit ekstatischer Hingabe der Zeit auslieferte. Vielleicht nicht so massiv wie bei einer Wurzelspitzenresektion, aber im Nichts zu sitzen und nichts zu machen, müsste den Tag eigentlich subjektiv massiv verlängern.

Und genauso war es. Um kurz nach neun, in Wirklichkeit also knapp zwei Stunden nach meiner Ankunft, hatte ich das Gefühl, mein Tag müsste längst rum sein. Die Zeiger der Uhr schienen zu schleichen. So lang kann also Zeit sein. Verblüffend!

Ein Bauer im Traktor, zwei Jogger und fünf Hundebesitzer sind mir seitdem begegnet. Zwei der Hundebesitzer trugen in ihrer Hand ein Kackebeutelchen. Vorbildlich! Nicht einfach die Hinterlassenschaft ihres Vierbeiners als Tretmine im Gras auf einen Schuh warten lassen. Andererseits schon wieder mehr Plastik. Das Leben ist ein ewiges Abwägen. Bei den Kackebeutelchen musste ich unwillkürlich an ein zu Recht vergangenes Relikt der Achtzigerjahre denken. Damals kamen als sichtbares Zeichen der männlichen Emanzipation Herrenhandtäschchen auf. Nicht um die Schulter gehängt, sondern an der Hand verschlauft. Etwas mehr als DIN-A5-groß, meist in bräunlichem oder schwarzem Leder gehalten mit Reißverschluss und Platz für Portemonnaie und Schlüssel. Eine Erfindung, damit die Hosentaschen nicht so ausbeulten.

Dennoch haben sich Herrenhandtäschchen meines Erachtens aus zweierlei Gründen nicht durchgesetzt. Zum einen wegen der Ästhetik. Das Herrenhandtäschchen ist die Täschchen gewordene Tennissocke. Zum anderen haben die meisten Herrenhandtäschchenbesitzer ihr modisches Accessoire mindestens einmal irgendwo liegen lassen. Manche ganz bewusst und für immer.

Vielleicht passen in Herrenhandtäschchen diese Kackebeutel rein. Das wäre doch praktisch. Die Plastikbilanz würde das zwar nicht retten, aber hübscher wäre es allemal.

Die Zeit näherte sich dem Stillstand an. Dalís Uhren erschienen vor meinem inneren Auge. Wann ist es endlich zehn? Ich hatte eigentlich vor, bis achtzehn Uhr genau so sitzen zu bleiben. Ambitioniert. Der Campingklapptisch vor mir war schon recht wackelig, aber solange wir unter Windstärke sechs blieben, hatte ich keine Sorge, dass er umkippen könnte. Die Thermoskanne mit Kaffee stand darauf, außerdem hatte ich drei Butterstullen, zwei Äpfel und zwei kleingeschnippelte Paprika dabei. Rote und gelbe. Die grünen Schoten mag ich nicht.

An mir lief ein Mick vorbei. So stand es zumindest auf seinem Laufshirt. Lustig, dachte ich, like a rolling stone. Mick Jogger.

Das müsste ich auch mal wieder. Joggen! Wobei ... Forscher der Universität Stumpton in Michigan haben Erstaunliches herausgefunden: Wer auf dem Sofa liegt und dabei an sehr schnelles und intensives Joggen denkt, verbrennt erheblich mehr Kalorien als der, der nur auf dem Sofa liegt und an Kartoffelchips und Gin Tonic denkt. Wenn ich also auf meinem Klappstuhl sitzend Joggern beim Joggen zuschaute, sie im Geiste vielleicht sogar überholte, müsste ich eigentlich an diesem Vormittag ordentlich abnehmen.

Der Haken an der ganzen Sache ist nur: Es gibt in Michigan keine Universität Stumpton. Stumpton und den ganzen anderen Quatsch habe ich mir ausgedacht. Wenn man alternative Fakten verbreiten will, schafft man mit einem Verweis auf eine prestigeträchtig anmutende Universität eine beträchtlich höhere Glaubwürdigkeit. Den Rest recherchiert eh keine Sau mehr.

Immer noch nicht zehn. Es war eine ziemliche Herausforderung. Insbesondere für einen Unruhegeist wie mich. Ich kann nicht wirklich stillsitzen. Ich muss immer mit den Füßen wippen oder mit den Händen trommeln. Ich konnte auch als Kind nie stillsitzen. Heute bekäme ich sicherlich die Diagnose ADHS, Hyperaktivität, irgendwie so was. Zumal ich seit jeher auch von Schlafstörungen heimgesucht werde. Damals wie heute. Der Kopf kommt halt einfach nicht zur Ruhe. Kreativität ist schön und gut. Aber nicht um drei Uhr in der Nacht. Was soll's, ich kann es ja jetzt verraten: Ich bin als Kind in eine Kanne sehr starken grünen Tee gefallen.

Mein Handy hatte ich also nicht mit. Dafür aber ein Buch. Als absolut allerletzte Notreserve, wenn das mit dem Garnichtstun partout nicht klappen sollte. Dieses Buch lag seit über einem Jahr auf meinem Nachttisch.

Fast ebenso lange stand es aus mir unerklärlichen Gründen weit vorne in den Bestsellerlisten. Ich hatte es von meiner Nachbarin geschenkt bekommen, und sie hatte mich bereits mehrfach gefragt, ob ich es schon gelesen hätte. Anstatt zu sagen: »Ja, hab ich, war toll«, bin ich Trottel manchmal zu ehrlich. »Es liegt auf meinem Nachttisch, fünf andere sind vorher noch dran.« Ich hätte ihr besser sagen sollen, ihr Buch stehe auf Platz siebenundzwanzig meines Nachttischrankings.

Einmal schoss meine Nachbarin im Supermarkt plötzlich zwischen den Süßwaren hervor und fragte mich unvermittelt: »Na, jetzt müsste mein Buch aber langsam dran sein. Oder soll ich es dir vorlesen?«

Das Buch hieß *Salsa im Regen*. Bereits der Klappentext brachte meine Fußnägel zum Aufrollen. Ich zitiere: »Birgittas Leben fühlte sich gut an. Nichts würde die attraktive Mittvierzigerin mehr aus der Bahn werfen. Sie hatte ihrer badischen Heimat Ade gesagt, um ihren lang gehegten Traum zu verwirklichen, an einem einsamen Strand in der Bretagne ein kleines Café zu eröffnen.«

Himmel, hilf! Was für ein Unsinn. Allein der Name. Welche Mittvierzigerin heißt Birgitta? Das ist ein schöner Name, aber sie müsste Steffi heißen oder Sandra, Katrin, Nadine oder Christina oder was weiß ich. Das waren doch die Pendants zu unseren Jungennamen von damals. Aber doch nicht Birgitta. Selbst wenn sie aus einem kleinen badischen Kabuff kommt. Und wieso eröffnet sie ein Café an einem einsamen Strand? Die Bretagne ist ja schön und gut, aber wovon will sie leben, wenn da niemand vorbeikommt und sie auf ihrem selbst gebackenen Apfelkuchen sitzen bleibt? Einsamer Strand – das ist doch betriebswirtschaftlich überhaupt nicht darstellbar!

Also: »Birgittas Leben fühlte sich gut an. Nichts würde die attraktive Mittvierzigerin mehr aus der Bahn werfen« – und so weiter. »Bis eines Tages bei einem schrecklichen Unwetter Pierre auftaucht. Ende zwanzig und Salsalehrer. Völlig durchnässt steht er ihr plötzlich in seinem regengefluteten weißen Hemd gegenüber und schaut sie mit seinen azurblauen Augen an. Seit diesem Augenblick war für Birgitta nichts mehr, wie es vorher einmal war.«

Ja, das ist doch die Idee eines Romans, die Grundbedingung, dass am Ende der zweihundertachtzig oder was weiß ich wie vielen Seiten nicht alles genau so ist, wie es am Anfang war.

Ich lese häufiger mal Klappentexte in Bahnhofsbuchhandlungen und bin entsetzt, in wie vielen dieser Klappentexte ebenfalls auf einmal nichts mehr ist, wie es vorher einmal war. Tausende von Pierres erscheinen Tausenden Birgittas an Tausenden einsamen Stränden, auf dass nichts mehr sei, wie es vorher einmal war. Nur hier, in meiner Klappstuhleinöde war alles noch genauso, wie es vor fünf Minuten oder wahrscheinlich seit Erschaffung der Welt schon war.

Trotz meiner ausgeprägten Langeweile konnte ich mich auch jetzt nicht dazu überwinden, das Buch zu lesen und weiß deswegen natürlich nicht, wie die Geschichte mit dem Salsalehrer in der Bretagne ausging. Aber ich fänd' es durchaus originell, wenn Pierre durchnässt vom Unwetter in das Café käme, ein Stück von Birgittas selbst gebackenem Apfelkuchen äße, auf die Toilette ginge und anschließend einfach verschwinden würde, und das war's. Und die badische Cafébetreiberin wäre weiter glücklich ohne Männer! Dann erfindet sie meinetwegen irgendein Kuchenrezept, das ein amerikanischer Investor vermarktet, sie wird Millionärin, macht dann in Aktien, wird noch reicher, kauft sich eine Jacht und eine eigene Insel im Südpazifik, und dort eröffnet sie dann eine Salsaschule. Das wäre mal ein Plot!

Und auf dieser Insel taucht dann plötzlich der schwer übergewichtige Millionär von der Nachbarinsel auf, die selbstverständlich auch sein Eigentum ist, steht in seinem weißen, schweißdurchtränkten Hemd vor ihr und schaut sie mit seinen glasigen Augen an. Salsa tanzt er nicht, dafür isst er Guacamole. Sie verlieben sich, sie heiraten, kaufen eine dritte Insel, an deren Küste er bei einer Haiattacke stirbt, wodurch sie noch reicher wird, nun drei Inseln besitzt und jetzt auch noch eine Mamboschule eröffnet. Oder was weiß ich.

Und wenn sie nicht gestorben ist, stirbt sie halt später. Ist mir so egal!

VI IM Klappstuhl

»Hau ab!«

Vor mir stand ein Mann mit einer braunen Cordhose, einer Berufsschullehrerweste und sehr gepflegtem, langem graumeliertem Haar, das er zu einem Pferdeschwanz zusammengebunden hatte. Seine Augen funkelten mich an, wobei die Pupillen unruhig hin und her waberten und meinem Blick nicht standhielten. Hinter ihm standen weitere Leute, die offenbar zu ihm gehörten und irgendeinen Informationsstand oder so etwas aufbauten.

»Ich verstehe nicht, warum. Was habe ich Ihnen getan?«, fragte ich ihn.

»Sag mal, willst du mich verarschen? Nimm deinen Scheißliegestuhl und hau ab!« Bei dem Wort »Scheiß« schoss eine scheußliche Ladung Spuckebläschen in meine Richtung.

Ich sollte meinen Klappstuhl nur noch in der freien Natur aufstellen. Ausschließlich in menschenleeren Regionen. Wann immer ich mich in Innenstädte setze, gibt es Probleme. Wobei ich auch hier darauf beharre, dass ich zuerst da war. Der Pferdeschwänzler und seine Truppe kamen lange nach mir hierher. Letztlich spielte das aber auch gar keine Rolle, denn er hatte keinerlei Legitimation, mich des Platzes zu verweisen.

Vor etwa einer halben Stunde trudelten er und sieben weitere Personen ein, rollten Spruchbänder aus und verteilten untereinander Schilder zum Hochhalten. »Wacht endlich auf« stand auf einem, »BRD-Diktatur stoppen« auf einem anderen Schild. Die Aufschrift »Wir kämpfen auch für eure Freiheit« zierte ein Spruchband, das sie zwischen zwei Laternenpfählen aufgehängt hatten, wobei sie beim Wort »Freiheit« das erste »i« vergessen und es dann etwas unbeholfen mit einem Pfeil über dem ersten »e« nachgetragen hatten.

»Jetzt hau endlich ab! Wir brauchen hier solche Drecksspitzel nicht!«, keifte er mich an.

»Was denn für Spitzel?« Ich verstand tatsächlich nur Bahnhof.

»Meine Güte, ihr haltet euch für so unfassbar schlau und seid doch so leicht zu durchschauen.«

Jetzt wurde es mir zu bunt. »Wer – ist – ›ihr‹?«, fragte ich ihn verdutzt. »Was reden Sie hier die ganze Zeit auf mich ein?«

»Ihr Typen vom Verfassungsschutz seid derart einfältig, das ist echt nur noch peinlich.«

»Verfassungsschutz?«

»Tu doch nicht so scheinheilig! Wie ist denn dein Deckname? IM Liegestuhl?« Ich musste schmunzeln. Er war sich des Wortspieles nicht bewusst, das er da gerade fabriziert hatte. Auch wenn er in mir in bester Stasitradition einen »IM«, einen inoffiziellen Mitarbeiter, sehen wollte, war ich selbstverständlich IM Liegestuhl: im Liegestuhl! Und es war sehr bequem, im Liegestuhl zu sein, wenn auch insofern problematisch, als dass ich immer zu ihm aufschauen musste.

»Von Typen wie dir lassen wir uns nicht einschüchtern!« Der Mann hielt mich tatsächlich für einen Mitarbeiter des Verfassungsschutzes. Innerlich musste ich grinsen, denn wenn ich ganz ehrlich bin, gefiel mir die Vorstellung. Ausgerechnet ich! Ein Geheimagent. James Bonds kleiner Bruder. Nullnullsiebenfünftel. Zugleich fragte ich mich, was wohl in seinem Kopf vorging. Und ich musste an diesen alten Witz denken: »Nein, ich habe keinen Verfolgungswahn! Aber erklären Sie das denen, die hinter mir her sind!«

Andererseits, so lustig ist das gar nicht. Früher waren das mal vereinzelte Personen, die vermuteten, die Regierung vergifte das Trinkwasser oder versende unsichtbare Strahlen, die uns gefügig machen sollten. Heute führt das Internet nicht nur diese Vereinzelten zusammen, sondern rekrutiert immer neue Anhänger, die sich dann gegenseitig in ihrem Wahn bestärken. Und in ihrem gemeinsamen Weltbild. Sie sind fest davon überzeugt, dass hinter allem eine geheime

Elite steckt. Eine Weltregierung, die uns alle versklavt. Die die Weltbevölkerung dezimieren will. Und die uns alle gefügig macht.

Uralte Ressentiments und Verschwörungen leben wieder auf und wir steuern voll dumpf zurück ins tiefste Mittelalter. Aufklärung und Humanismus lässt man locker hinter sich zurück. Es geht nicht mehr um die beste aller möglichen Welten, man schafft sich einfach selbst die Welt, wie sie einem am besten gefällt. Wissenschaft steht nicht mehr im Weg, sie ist längst beiseitegeschoben worden. Und es gilt Alberto Brandolinis Gesetz, das sogenannte Bullshit-Asymmetrie-Prinzip, welches lautet: Das Widerlegen von Unsinn erfordert eine Größenordnung mehr Energie als dessen Produktion. Und so verlangt man von uns, zu beweisen, dass die Erde keine Scheibe ist und Demokratie auch und gerade dann noch Bestand hat, wenn nicht alle individuellen Forderungen und Wünsche Allgemeingut werden.

Eines Tages lobe ich öffentlich einen Wettbewerb aus: Ich zahle jedem dieser wohlstandsverwahrlosten Möchtegern-Che-Guevaras zehntausend Euro plus Spesen, wenn sie, anstatt in Berlin oder Dresden oder Stuttgart zu demonstrieren, dasselbe in Pjöngjang oder Peking oder Moskau tun. Eine Woche lang jeden Tag eine Stunde gegen die dortige Regierung demonstrieren. Mehr nicht. Ihren Gewinn bekommen sie bei ihrer Rückkehr.

»Okay, okay. Ich verstehe. Sie halten mich also für einen Mitarbeiter des Verfassungsschutzes. Aber mal im Ernst: Meinen Sie, wenn ich wirklich ein Mitarbeiter des Verfassungsschutzes wäre, dass ich mich dann hier so offensichtlich hinsetzen würde?«

»Ja, natürlich. Weil ihr denkt, dass ihr nicht auffallt, wenn ihr besonders auffällig seid.«

»Verstehe. Und wenn ich jetzt zugebe, dass ich vom Verfassungsschutz bin? Spätestens dann wäre doch klar, dass ich es nicht sein kann, weil ein geheimer Mitarbeiter des Verfassungsschutzes sich nicht dazu bekennen darf.«

»Das wäre doch nur eine Tarnung.«

»Und wenn ich es leugne, dann würde daraus also auch folgen, dass ich vom Verfassungsschutz bin, weil ein Mitarbeiter des Verfassungsschutzes es leugnen müsste.«

»Genau!«

»Also kann ich argumentieren, wie ich will, und habe überhaupt keine Chance, zu beweisen, dass ich nicht vom Verfassungsschutz bin.«

»Genau. Und das hat nur einen Grund: weil du vom Verfassungsschutz bist!«

»Kennen Sie die jahrhundertealte Geschichte von der vermeintlichen Hexe, die man in einen See tauchte? Wenn sie sich retten konnte, dann bedeutete das, dass sie vom Teufel besessen war und deswegen auf dem Scheiterhaufen verbrannt werden musste. Wenn sie jedoch unterging, war sie unschuldig und wurde vom Vorwurf der Hexerei freigesprochen. Davon konnte sie sich in ihrem Zustand allerdings auch nichts mehr kaufen.«

»Und was hat das bitte mit uns beiden zu tun?«, fragte er mit verständnislosem Blick.

»Okay«, sagte ich, »Transferleistung! Hat nicht geklappt. Egal. Passen Sie auf, wir machen jetzt einen Deal.«

»Nix is'! Mit diesem Scheißstaat werde ich im Leben keinen Deal machen.« Er beugte sich wieder weit zu mir vor und erneut flog mir bei dem Wort »Scheiß« sein Speichel ins Gesicht.

»Euren Scheißstaat gibt es nämlich gar nicht. Es hat nie einen Friedensvertrag gegeben. Wusstest du wohl noch nicht, du Schlafschaf? Kein Friedensvertrag. Und somit existiert euer Scheißstaat gar nicht.«

Ich mühte mich aus meinem Klappstuhl raus und stand jetzt vor ihm. Ich war locker zehn Zentimeter größer. Schwerer sowieso. Er schaute mit grotesk wutverzerrtem Blick zu mir hoch, packte mich am Kragen, zog mich zu ihm herunter und fauchte: »Scheißstaat! Scheißstaat!« Es spuckte nur so aus ihm heraus.

Ich scheuerte ihm eine.

Entgeistert schaute er mich an. Er ließ von mir ab, hielt seine Hand an die rechte Wange und strich drüber. Man konnte merken, dass sein Gehirn bei der Verarbeitung dessen, was gerade geschehen war, hinterherhinkte. Ich selbst war ebenfalls mehr als verblüfft, auf seine Aggression mit solch einem energischen Schlag geantwortet zu haben. Ich wusste gar nicht, dass ich so etwas konnte.

»Haben Sie mich geschlagen?«

Das fand ich lustig. Die ganze Zeit hatte er mich geduzt und auf einmal konnte er respektvoll sein. Ich dachte: jetzt oder nie! Und zack! Auf die andere Wange noch mal. Es klatschte laut. Ich bin ja eigentlich ein friedliebender Mensch, aber manchmal hilft nur noch rohe Gewalt. Ich musste an die ganzen alten Bud-Spencer-und-Terence-Hill-Filme denken. Da konnten wir als Kind nicht nur Problemlösung lernen, sondern auch Schlagtechnik.

Er stand immer noch wie paralysiert vor mir. Im Hintergrund skandierten die anderen sieben Freiheitskämpfer mit Inbrunst: »Wir sind das Volk! Wir sind das Volk!«, sodass ich fast ein wenig Mitleid mit ihnen und ihrer offensichtlichen Wahrnehmungsstörung bekam. Von unserem kleinen Disput hatten sie nichts mitbekommen. Meine Chance. Ich holte aus. Zack, noch mal eine von rechts. »Das hat ein Nachspiel! Ich … Ich … Ich werde Sie anzeigen!«

»Wo?«, fragte ich ihn und dachte, dass es ein guter Zeitpunkt wäre, dass nun ich als sichtbares Zeichen von Überlegenheit mal zum Du übergehen sollte. »Wo willst du mich anzeigen? Bei der Polizei des Staates, den es nicht gibt? Bei der Staatsanwaltschaft des Staates, den es nicht gibt? Bei dem Scheißstaat, den es nicht gibt?«

Ich holte demonstrativ aus.

»Hey, nein! Nicht schlagen! Alles gut. Alles okay. Ich mach' ja nix. Ich …«, winselte er und lief weg. Nicht zu den anderen. Sondern einfach weg. Donnerwetter, was für ein Widerstandskämpfer!

Obgleich ich nach diesem triumphalen Erfolg den Wunsch verspürte, die anderen Teilnehmer dieser traurigen Demonstration vielleicht auch noch auf diese liebenswürdige Weise aufzuwecken, sah ich plötzlich Mahatma Gandhi vor meinem dritten Auge, nahm meinen Klappstuhl und ging besonnen und beseelt mit tiefem inneren Frieden meiner Wege.

So könnte dieses Kapitel enden. Aber ich möchte an dieser Stelle doch deutlich machen, dass es einen großen Unterschied gibt zwischen mir und meinem lyrischen Ich, sozusagen meinem Klappstuhl-Ich.

Während ich persönlich aufgrund meines noch nicht gänzlich verglommenen Restpazifismus Gewalt zunächst einmal ablehne und selbst in diffusen Zeiten meinen Tucholsky noch nicht gegen Fachliteratur über die AK-47 eingetauscht habe, hielt mein literarisches Alter Ego in dieser speziellen Situation maßvolle Gewalt im Sinne Thomas von Aquins, mit dessen Lehre vom gerechten Krieg ich seinerzeit meine Verweigerung des Wehrdienstes begründet hatte, hielt also mein Klappstuhl-Ich angemessene, sagen wir, »Krisenintervention« für eine Option, um eine weitere Eskalation zu vermeiden und den bestehenden Konflikt einzudämmen oder gar zu lösen, was dann ja in gewisser Weise auch geschehen ist.

Wir leben allerdings in einer Zeit grenzenloser und stetiger Empörung, in einem Zeitalter dogmatischer Meinungsversessenheit. Wir haben stets zu allem sofort eine Meinung. Früher sprach man mal davon, dass man sich eine Meinung bilde. Heute sind unsere Meinungen felsenfest und wir haben sogar schon Meinungen zu Ereignissen, die noch gar nicht geschehen sind. Und da in dieser oftmals diskursverweigernden Gesellschaft selbst die humoresk gemeinte Überspitzung für bare Münze genommen wird und Satire längst nicht mehr alles darf, möchte ich, um es mir mit niemandem zu verscherzen oder gar in einen Shitstorm zu geraten, nun in einem Anflug schieren Opportunismus ein alternatives Ende der Geschichte anbieten. Somit verpufft zwar die Pointe und der Erzählfluss kommt ins Stocken, aber zugunsten politischer Korrektheit und um nicht gecancelt zu werden, scheint es mir angebracht.

Hier nun also das alternative Ende:

(…) »Und somit existiert euer Scheißstaat gar nicht.«

Ich mühte mich aus meinem Klappstuhl raus und stand jetzt vor ihm. Ich war locker zehn Zentimeter größer. Schwerer sowieso. Er schaute mit grotesk wutverzerrtem Blick zu mir hoch, packte mich am Kragen, zog mich zu ihm herunter und fauchte: »Scheißstaat! Scheißstaat!« Es spuckte nur so aus ihm heraus.

Mitfühlend, mit fast zärtlicher Zuneigung blickte ich ihn an. Gerade, als ich ihn mit Worten warmer Empathie besänftigen wollte, schlug er mit voller Wucht zu. Meine rechte Wange brannte. Ich hätte ihm alles zugetraut, aber nicht, dass er mir einfach so eine scheuern würde. Hasserfüllt schaute er mir ins Gesicht. Wie ich mich nun zu verhalten hatte, hatte ich vor langer Zeit im Kindergottesdienst gelernt: In dankbarer Liebe und mit Menschenfreundlichkeit hielt ich ihm auch noch die andere Wange hin. Bereitwillig schlug er zu.

Ich selbst bin mit meinem Klappstuhl-Ich inzwischen darüber absolut einig geworden, welches Ende uns beiden mehr behagt. Jedoch schweigen wir dazu. Möge sich ein jeder und eine jede selbst eine Meinung bilden.

VII Zug nach Nirgendwo

Tommy reichte mir die Thermoskanne und ich goss mir einen ordentlichen Schluck ein. Nicht zu viel, denn der Kaffee sollte ja zumindest für die nächsten drei Stunden reichen. Zugegebenermaßen verliert er mit jeder Minute, die er in der Thermoskanne verbringt, an Aroma und wird zunehmend dumpfmuffig im Abgang, aber wenn man mit seinem Klappstuhl irgendwo im Nirgendwo Station macht, darf man nicht allzu anspruchsvoll sein. Letztlich ist Thermoskannenkaffee immer noch besser als Tee aus einer Thermoskanne, in der vorher Kaffee war. Bei dieser diabolischen Melange tanzen die Geschmacksknospen auf der Zunge Salsa im Regen.

Über Kaffee streiten sich die Geister sowieso. Allein, was die Zubereitungsweise angeht. Ich selbst bevorzuge ihn handgefiltert und – die Zeit nehme ich mir seit jeher – handgemahlen. Ich liebe diesen herrlichen Duft, der beim Öffnen der Schublade meiner etwa siebzig Jahre alten Kaffeemühle entströmt. Ungefähr genauso alt ist der Porzellanfilter, den ich verwende.

Der Genuss des Kaffees beginnt bereits beim Zeremoniell des Aufbrühens. Nein, genau genommen beginnt der Genuss des Kaffees bei der Röstung. Seit langer Zeit kaufe ich meinen Kaffee nur noch direkt in kleineren Röstereien, die die Bohnen nicht industriell verkohlen, sondern in einem langsamen Röstverfahren mit relativ niedrigen Temperaturen alles an Aromen herausholen, was die jeweilige Sorte bereithält.

Es liegt eine gewisse Tragik darin, dass dieser Zaubertrank so oft mit Zucker oder irgendwelchen Sirupen kontaminiert wird. Oder heißt es Sirups? Es gibt Plurale, bei denen ich mir nicht sicher bin, wie sie gebildet werden. Das geht mir auch beim Wort »Plural« so. Ist der Plural von Plural wirklich

Plurale? Gibt es überhaupt eine Mehrzahl von einer Mehrzahl? Ist das dann eine Nochmehrzahl? Oder eine Supermehrzahl?

Ich trinke meinen Kaffee jedenfalls unversirupt. Schwarz, ohne alles, und ich liebe die weiche Bitterkeit und die Vielzahl der Aromen, die von Kirsche bis Karamell reichen, wenn man ihn richtig zubereitet.

Tommy prostete mir mit seinem Emaillebecher zu. Das kam mir bei Kaffee eigentlich abwegig vor, aber wir stießen dann doch unsere Becher aneinander. Bei Sektgläsern erklänge ein glockenhelles »Pling«, bei uns machte es stumpf »Plock«. Mir war das sehr recht, hätte mich das »Pling« doch nur an das Eintreffen einer E-Mail erinnert. Und das wiederum an den Stapel unbearbeiteter Aufgaben, den ich gekonnt zu ignorieren gelernt hatte.

»Schön! Schön, schön!«, sagte Tommy. Er nippte an seinem Becher und ließ seinem Minimalschluck ein zufriedenes »Ahhh« folgen. Ich mag das nicht. Wenn man das Trinken mit einem Geräusch abschließen muss. Es gibt Leute, die machen das immer. Trinken so geräuschvoll, dass man im Umkreis von fünf Metern jedes Schluckgeräusch im Schlund hören kann, und dann das obligatorische »Ahhh« von sich geben. Ich mag weder Trinkgeräusche noch Essgeräusche. Es gibt ganz schreckliche Essgeräusche. Suppe schlürfen zum Beispiel. Oder Schmatzen. »Katschen« hieß das bei uns. Ich mag es auch nicht, wenn jemand neben mir kraftvoll in einen Apfel beißt. Keine Ahnung, warum mich dieses Fruchtabbruchgeräusch so stört. Vielleicht bin ich einfach nur überempfindlich. Ich hab' wohl eine Macke oder so. Wenn der Apfelbeißer dann noch den Griebsch samt Kernen aufisst und nur der Stiel übrig bleibt, mag man das vielleicht nachhaltig nennen, aber es widerspricht meinen kulinarischen Vorstellungen in diametraler Weise. Ganz schlimm ist, wenn Leute lufteinsaugend in eine Wassermelone schnappen. Das ist ein Schlürfsuperlativ, der trotzdem nicht verhindern kann, dass das Melonenwasser über Mundwinkel, Kinn und Hände läuft. Schlimmer ist nur noch das Zuzelgeräusch, wenn jemand versucht, Fleischfasern, die sich zwischen Zähnen verfangen haben, mittels geräuschvollen Unterdrucks herauszusaugen, was meist nach langen Versuchen doch nicht gelingt, und daraus resultiert, dass mit den Fingern nachgeholfen werden muss, was die Angelegenheit nicht gerade ästhetischer macht.

»Und was machst du jetzt normalerweise so?«, fragte mich Tommy und riss mich aus meinen vielleicht etwas spießigen Gedankenschweifereien.

»Nichts!«, antwortete ich wahrheitsgemäß.

»Gar nichts?«

»Nein! Ich sitze hier.«

»Aber irgendwas musst du doch machen?«

Unverzüglich kamen mir Loriots *Szenen einer Ehe* in den Sinn. Es war erstaunlich, dass es Tommy keine fünf Minuten ausgehalten hatte, einfach nur auf seinem nicht übermäßig bequem aussehenden Gartenklappstuhl mit orangefarbenem Großblumenmuster zu sitzen und die Zeit verstreichen zu lassen. Das Gestell seines Klappstuhls rostete munter vor sich hin. Dem Design nach zu urteilen, stammte der Stuhl noch aus den Siebzigerjahren und hatte wahrscheinlich zahlreiche Laubenpartys unter bunten Lampions mit Mettigel, Hawaii-Toast, Bowle und *Santa Maria* aus dem Kofferradio erleben dürfen.

Tommy wusste eigentlich, worauf er sich einlassen würde, als er beschloss, mich bei einem meiner Klappstuhlausflüge zu begleiten. Und nun saßen wir bei herrlichstem Sonnenschein an diesem See, auf dessen gegenüberliegender Seite ein Angler sein grünes Zelt aufgeschlagen hatte.

»Weißt du, Tommy, die Idee ist, die Zeit wieder zu spüren. Zu spüren, wie lang die Zeit wirklich ist, wenn wir sie nicht totschlagen oder vor ihr wegrennen. Du spürst anscheinend jetzt schon, dass sie langsamer verläuft?« Ich hatte bemerkt, dass er unwillkürlich bereits nach seinem Smartphone gegriffen hatte, aber noch hielt er es aus, nicht draufzuschauen. Er wäre fast meinem Vorschlag gefolgt, es einfach zu Hause zu lassen, aber Katja hatte darauf bestanden, dass er es zur Sicherheit mitnehmen sollte. Falls etwas sei. Wegen des potenziellen Plattens, der alten Gemäuer, in denen man sich einsperren könnte, und der Skelette.

»Tempus non fugit, tempus cessat!«, stellte er angesichts der zäher fließenden Zeit fest, an die ich mich längst gewöhnt hatte.

Ich antwortete nicht, was ihn verunsicherte. Wir waren mit seinem Auto hierhergefahren und ich sorgte mich ein wenig, dass er es vielleicht doch nicht bis zum Abend aushalten würde und ich entweder vorzeitig mit ihm zurückfahren musste oder aber verdonnert wäre, ein Taxi zu rufen, falls es hier in der Gegend überhaupt ein Taxi gab. Wir waren ordentlich ab vom Schuss.

»Mich würde interessieren, wo hier wohl der nächste Bahnhof ist«, sagte ich.

»Vielleicht gibt es hier irgendwo einen, aber es wäre nicht klar, ob der wirklich existiert«, erwiderte Tommy.

Ich schaute ihn entgeistert an. War das schon ein Anflug von Zeitkoller?

»Den Satz habe ich jetzt nicht verstanden.«

»Pass auf. Das wird dich vielleicht intellektuell überfordern.« Er grinste mich an und fuhr fort: »Ich saß neulich in einem Zug, den es nicht gab.«

»Nee, is' klar!«

»Ja, warte doch. Ich war auf dem Weg in die Schweiz. Der Zug fuhr relativ pünktlich los. Nach etwa vier Stunden Fahrt habe ich dann eine Mail von der Deutschen Bahn bekommen, in der drinstand, dass mein Zug nicht führe.«

»Der Zug, in dem du gerade fuhrst?«

»Genau. Da stand schwarz auf weiß, dass mein Zug ausfällt.«

»Das ist natürlich verwirrend. In einem Zug zu sitzen, der gar nicht existiert. Aber vielleicht war das nur eine andere Zugnummer und ...«

»Nein, habe ich alles verglichen. Das war mein Zug. Und den gab es nicht. Laut offizieller Darstellung der Bahn.«

»Also warst du eigentlich gar nicht im Zug, sondern ganz woanders. Zum Beispiel hast du das vielleicht alles nur geträumt und lagst im Bett. Oder aber du hast in einem Zug gesessen, der fuhr aber nicht. An deinem Fenster zog auch keine Landschaft vorbei, sondern das waren in Wirklichkeit Kulissen, die von prekär bezahlten Bahnmitarbeitern am Zug vorbeigetragen wurden, um dir ein Fahrgefühl zu suggerieren. Dieses Phänomen finde ich ja immer wieder spannend, wenn man in einem Bahnhof im Zug sitzt, der Nachbarzug anfährt und man aber das Gefühl hat, dass der eigene Zug startet. Bis man aus dem anderen Fenster sieht und der Bahnsteig unverändert daliegt. Das ist wie ein abruptes geistiges Abbremsen.«

»Richtig kritisch wird es also, wenn der eigene Zug stehen bleibt und der Bahnhof wegfährt«, sagte Tommy.

»Wenn dann im Führerstand des Zuges Albert Einstein sitzt und sich der Zugbegleiter als Christian Anders vorstellt und per Durchsage behauptet, es führe ein Zug nach Nirgendwo, dann hast du tatsächlich das Raum-Zeit-Kontinuum durchbrochen. Und mich würde es nicht wundern, wenn du plötzlich im alten Rom landest und mit Cicero einen Plausch hältst.«

»Kickero«, korrigierte Tommy.

»Kikeriki«, antwortete ich.

»Nee, so heißt er richtig: Kickero!«

Ich hatte Cicero, wie die meisten es tun, »Tzitzero« ausgesprochen. Tommy hingegen sprach, wenn er lateinische Begriffe verwendete, konsequent den Buchstaben C als K, also »Kickero«. Dabei haben die alten Römer doch bestimmt sowieso ganz anders gesprochen, als wir uns das heute so denken. Ich schätze mal, das klang viel melodischer, viel italienischer sozusagen, das Latein. Wer weiß das schon? Vielleicht hieß der Mann in Wirklichkeit »Kitschero«. Oder »Tschitschero«. Oder »Zitschero«.

Möglicherweise hatten seine Freunde einfach »Marcus Tullius« zu ihm gesagt. Oder »Digger«.

Ich fasste das Zugphänomen mit einer Frage zusammen: »Wenn Schrödingers Katze in einem Zug fährt, den es gar nicht gibt, wie viele Kalorien hat dann ein Eisbecher, wenn du auf dem Sofa liegst und nicht an schnelles und intensives Joggen denkst?«

»Die richtige Antwort dazu lautet: Bielefeld!«

»Oder zweiundvierzig!«, ergänzte ich und dachte an Douglas Adams' wunderbare Antwort auf die Frage nach dem Sinn des Lebens.

»Genau! Zweiundvierzig!«, bekräftigte Tommy, während auf der anderen Seite des Sees der Angler über einen Eimer stolperte und in das Gewässer fiel. Endlich mal was los hier.

VIII Rollator

Es roch nach Sommer.

Jede Jahreszeit hat ihren eigenen Duft. Das Erdige des Herbstes, das Klare des Winters, das Blumige des Frühlings, und jetzt roch es zum ersten Mal nach Sommer. Wenn man so will, ein olfaktorisches Flirren, das die Nase betört. Und im Geist entsteht bei mir dann unwillkürlich noch ein anderer Duft. Ein Sommerduft, den jeder tief im Gehirn abgespeichert hat: diese Melange aus Chlor und dem Geruch von frischen, fettigen Pommes. Mit diesem Duft geht ein unbeschwertes Kindheitsgefühl einher. Sommer gleich Freibad gleich Sonne gleich Pommes gleich Dolomiti zum Nachtisch und dann ein bis zwei Stunden warten, bis man wieder ins Wasser darf, woran sich aber außer mir niemand hielt. Ich rechnete immer mit meinem Untergang, wenn ich zu früh mit vollem Magen wieder ins Becken stieg. Das Dolomiti von damals war noch voller künstlicher Farb- und Aromastoffe. Die hat man später ersetzt. Durch gesündere, aber dafür auch langweiligere Farb- und Aromastoffe. Ich weiß noch, wie grün seinerzeit das Grün schmeckte, wie rot das Rot und wie fade das Weiß war. Ich glaube, Grün mochten die meisten am liebsten. Und wir haben keine grünen Füße davon bekommen. Aber rot war ich oft. Vom Sonnenbrand. Weil ich, trotz aller Mahnungen, das Eincremen allzu häufig ob meines Dranges, schnell ins Wasser zu springen, vergessen hatte.

Erinnerungen schossen durch meinen Kopf. Es ist beeindruckend, was so ein Sommerduft auslösen kann.

Ich saß in einem kleinen Park und hatte meinen Klappstuhl auf einer Wiese aufgebaut. Wiese ist eigentlich das falsche Wort. Es war keine hochgewachsene Fläche mit Gräsern und Wildblumen, sondern eine akkurat geschnittene Rasenfläche mit zwei Hinweisschildern darauf. Das eine untersagte, Hunde frei herumlaufen zu lassen, das andere verbot jede Art von Ballspiel. Öffentliche Grünflächen zeichneten sich bereits seit meiner Kindheit durch das Schild mit dem rot durchgestrichenen Ball aus. Wenn die Städte schon in erster Linie für die Autos da sind, dann sollen doch wenigstens in den wenigen Grünoasen keine lästigen Kinder stören. Bei uns geht es immer akkurat zu. Und »Draußen nur Kännchen«.

»Sir Lancelot! Komm!«

Auf dem asphaltierten Weg ging ein Mann mit seinem Hund. Der Hund, ein schwarzer Labrador, berührte hin und wieder beim Gehen mit einer Pfote widerrechtlich die Rasenfläche. Richtig so, dachte ich, wenigstens die Hunde üben hier ein bisschen zivilen Ungehorsam aus. Über seinen Namen musste ich schmunzeln. Sir Lancelot. Warum nicht? Irgendwie sah er auch aus wie Sir Lancelot. Der Gang, das Erhabene – ein wahrer Ritter der Tafelhunde. Sein Herrchen ging ebenfalls sehr gerade, nein, man kann sogar sagen, er *schritt* durch den Park. Es musste sich zweifelsohne um König Artus handeln. Er trug einen dunkelblauen Anzug und dazu eine bordeauxrote Krawatte. Krawatten sind ja wie Wecker. Werden auch immer seltener. Selbst in den Vorstandsetagen sind die Binder inzwischen oftmals verpönt. Die CEOs im Silicon Valley treten fast nur noch auf vermeintlich nonkonformistische Weise in T-Shirt-Uniform auf. Wenn eines Tages die Künstliche Intelligenz das Ruder übernimmt, dann würde sie wahrscheinlich das Aussehen von Jean-Paul Sartre annehmen. In existenzialistischem Schwarz mit Rollkragenpullover und Fluppe im Mund. Und zwar mit einer echten. Keiner Digitalfluppe. So viel anachronistische Analogizität würde sich eine KI wohl erlauben, allein um zu erfahren, wie es damals war. Ohne sie.

Passend zur Krawatte trug König Artus ein ebenfalls bordeauxrotes Einstecktuch und – das habe ich eigentlich noch nie im Alltag gesehen – er hatte tatsächlich eine Blume im Revers. So sind nur Könige gekleidet. Sir Lancelot schaute zu mir herüber und es schien, als bestätigte er meine Überlegungen mit einem weisen Nicken.

Vor ein paar Tagen lief ein Hund an mir vorbei, der von seinem Herrchen »Tequila« gerufen wurde. Ich muss gestehen, dass ich mich um diesen Vierbeiner ein wenig sorgte. Es gibt doch so schöne Hundenamen. Charly zum Beispiel. Warum um Himmels willen nennt man seinen Hund wie eine Spirituose? Und wenn schon, warum nicht wenigstens Fürst Bismarck? Das wäre wie Sir Lancelot, halt nur mit mehr Umdrehungen. Mister Hardy, dachte ich. Das wäre eigentlich auch ein origineller Name. Oder Doktor Watson, das passte doch insbesondere zu einem Spürhund. Sir Lancelot hob während meines Gedankengangs das Bein und markierte sein Revier an einem Baum. So wie der echte Sir Lancelot. Die hatten ja auf ihren Ritterzügen damals noch kein Sanifair.

König Artus riss ein Beutelchen mit Leckerli auf. Der Hund war sofort zur Stelle. Egal, was gerade los ist, Labradore können immer fressen. Ich nahm mir einen Keks aus meinem Rucksack und fühlte mich Sir Lancelot unglaublich verbunden.

Von rechts flog ein Schmetterling an mir vorbei. Früher hätte ich ihn wahrscheinlich nicht einmal wahrgenommen. Auch ein Vorteil, wenn man Klappstuhleinheiten einlegt. Die Wahrnehmung der Welt und was sie selbst im Kleinsten zusammenhält. Hummeln mag ich besonders. Diese Wildbienen wirken durch ihren massigen Pelz ein wenig plump. Aber sympathisch plump. Forscher haben herausgefunden, dass Hummeln einen intensiven Fußgeruch haben, quasi individuelle Schweißfüße, nur halt ohne Schweiß. Und ohne Füße. Dieser Duft ist ziemlich praktisch: Hummeln hinterlassen ihn beim Sammeln des Nektars auf den Blüten, sodass die nächste Hummel bereits im Anflug weiß, dass vor ihr schon jemand da war und alles ausgesaugt hat. Vielleicht sind in Wirklichkeit die Hummeln am Fußgeruch in Turnhallen verantwortlich.

Auf dem Weg, der sich durch den Park zog, ging jetzt ein älteres Paar entlang. Genau genommen ging eigentlich nur er. Der Mann, wohl um die Neunzig, schob einen Rollator vor sich her, auf dessen Querverstrebung eine Frau saß, etwa im gleichen Alter.

Als ehemaliger Zivildienstleistender wusste ich selbstverständlich, dass man sich auf der Querverstrebung eines Rollators durchaus kurz ausruhen kann. Kurz! Und vor allem bei arretierten Bremsen. Die Querverstrebung ist nicht dafür gedacht, dauerhaft als Sitzplatz verwendet und so durch die Gegend geschoben zu werden. Quasi freihändig und ohne Rückenlehne. Erschwerend kommt hinzu, dass die Statur der älteren Dame weniger dem Typ Schmetterling und eher dem Typ Hummel entsprach. Das Wort Materialermüdung schoss mir durch den Kopf, und ich sah die beiden enden wie in einem shakespeareschen Drama. Ich beschloss daher, sie anzusprechen und ihnen zu erklären, wie gefährlich ihr Fortbewegungsmittel war. Und dass sie sich jetzt besser ein Taxi nehmen sollten. Weil sie sich sonst womöglich alle Knochen brechen würden. Aber gerade, als ich mir die passenden Worte zurechtlegen wollte, hatte ich plötzlich Bilder von den beiden im Kopf. Viele Jahrzehnte zurück in der Zeit.

Ich sah die beiden vor meinem geistigen Auge – als sie jung waren: Er holt sie mit seinem Fahrrad ab. Und sie? Setzt sich auf die Querverstrebung seines Herrenrades. Und alle, die sie dabei erwischen, empören sich darüber. »Das macht man nicht! Ihr könnt euch alle Knochen brechen!« Aber das haben sie gar nicht mehr gehört, da waren sie schon weg, in ihrem jugendlichen Leichtsinn.

Dann, einige Jahre später: der erste Urlaub. Vier Tage. Mit dem Mofa raus aus der Stadt ins Grüne. Und dort zelten. Sie sitzt hinter ihm und hält sich an ihm fest. Beide haben sie keinen Helm auf. Wer hatte damals schon einen Helm auf? Und nur das Notwendigste dabei. Ein improvisiertes Zelt, zwei Zahnbürsten, acht Schlüpfer. Mehr brauchst du nicht, wenn du verliebt bist. Zu Hause haben alle nur gesagt: »Lasst das doch sein! Ist doch gefährlich! Gibt doch jetzt so viele schnelle Autos! Und überhaupt – raus ins Grüne! Als wir jung waren, mussten wir in den Ferien auf dem Bauernhof schuften. Raus ins Grüne ... diese Jugend von heute.«

Schließlich in den Sechzigern: mit dem Käfer über die Alpen. Weil alle gesagt haben: »Italien! Da müsst ihr mal hinfahren! Ist so schön! Das Meer, der Strand, der Himmel!« Also haben sie das Auto bis obenhin vollgepackt und sind losgefahren. Essen haben sie auch mitgenommen. Weil sie nicht wussten, ob sie sich das da unten leisten können. Italienisches Essen haben sie natürlich eingepackt: Dosenravioli! Und die Dosen hinten auf der Rückbank. Jeder ADAC-Sicherheitsexperte hätte die Hände über dem Kopf zusammengeschlagen: »Dosen auf der Rückbank? Das sind doch Wurfgeschosse!«, würde er sagen. »Das ist doch gefährlich! Das macht man nicht!«

Und jetzt sind sie alt. Und er schiebt sie auf dem Rollator durch die Welt. Immer noch der gleiche jugendliche Leichtsinn.

Ich überlegte mir, dass ich sie vielleicht besser nicht ansprechen sollte. Wenn ich es getan und die beiden gemahnt hätte, ihre Rollatorartistik zu unterlassen und wie gefährlich das alles doch sei, dann hätten sie wahrscheinlich den Kopf geschüttelt und müde lächelnd entgegnet: »Ach Junge, was weißt du denn schon!«

So blieb ich auf meinem Klappstuhl sitzen. Er schob sie an mir vorbei und sie nahmen mich gar nicht wahr.

Ich schaute ihnen hinterher und dachte, wie schön es wäre, wenn alle meine Gedanken stimmten, wenn alles genau so war, wie ich es mir ausmalte. Und vielleicht war es ja auch genau so! Fahrrad und Zelten im Grünen und Italien.

Vielleicht war alles aber auch ganz anders. Vielleicht hatten sie sich erst vor Kurzem kennengelernt und waren gerade dabei, gemeinsam durchzubrennen.

IX Parkschein

Ich gebe offen zu, dass ich dieses Mal wusste, es würde zu Komplikationen kommen. Und mir war auch durchaus klar, dass ich mutwillig die Konfrontation suchte. Ich war jedoch keinesfalls auf Krawall gebürstet, sondern auf einen, wenn auch provozierten, so doch konstruktiven Dialog aus. Wenn ich ansonsten eigentlich die Ruhe und Einsamkeit meiner Klappstuhlunternehmungen genoss, wollte ich mich dieses Mal so ganz dem urbanen Leben hingeben. Wo ginge dies besser als auf einem Parkplatz in der Innenstadt.

Ich fuhr an jenem Samstagmorgen mit der Bahn in die Stadt, den Klappstuhl wie immer wie einen Aktenkoffer mal in meiner rechten, mal in meiner linken Hand. Als ich um acht Uhr fünfundfünfzig im Stadtzentrum ankam, waren zu meinem Erstaunen viele Parkbuchten noch frei. Die meisten Geschäfte öffneten tatsächlich erst um zehn Uhr, was mich persönlich schon seit Langem befremdete. Ich gehöre zu den klassischen Früheinkäufern. Bevor die langen Ladenöffnungszeiten kamen, konnte man in der Regel von neun bis achtzehn Uhr einkaufen. Mir persönlich reichte das, und ich war oft um neun Uhr der erste Kunde.

Da ich aus einer Kaufmannsfamilie komme, weiß ich, was lange Ladenöffnungszeiten für kleine, inhabergeführte Geschäfte bedeuten. Mein Großvater väterlicherseits hatte ein Geschäft für Berufsbekleidung. Das war in einer Zeit, in der Berufsbekleidung nicht nur im Handwerk oder der Gastronomie eine Rolle spielte. Friseure trugen genauso Kittel wie die Mitarbeiter, die in den inzwischen kaum mehr existenten kleinen Drogerien arbeiteten. In unserem Laden gab es allerdings nicht nur Kittel und Blaumänner, sondern auch weiße Hemden, hautfarbene Miederwaren und Kittelschürzen. Die

Kittelschürze ist, wohl zu Recht, ein Relikt einer längst vergangenen Zeit. Ebenso wie die Muster, die man auf ihnen sehen konnte. Die Muster der Kittelschürzen zu Beginn der 1980er-Jahre mussten noch von Designern stammen, die diese apokalyptischen Kreationen Ende der Sechzigerjahre mittels sublegaler Substanzen geschaffen hatten. Wenn man zu lange auf die Kittelschürzen starrte, konnte einem schwindlig werden. So wie im Wohnzimmer einer meiner vielen Großtanten, in dem derart bewusstseinserweiternde Tapeten an den Wänden pappten, dass ich als kleiner Junge dort immer innerhalb weniger Minuten in Trance fiel.

Wenn wir von den Kittelschürzen und den hautfarbenen Miederwaren absehen, war das Geschäft meines Opas jedoch sehr modern. 1980 kaufte er als einer der ersten Kaufleute in seinem Umfeld einen Computer. Der sah aus wie ein E-Piano und war auch genauso groß. Und er konnte ausschließlich Buchführung. Als Speicher legte man Kassetten ein. Ich konnte nicht verstehen, wieso dieses Gerät meine Hörspielkassetten angeblich nicht abspielen konnte. Der Riesencomputer erleichterte meinem Opa die Buchführung zwar, aber gemacht werden musste sie trotzdem. Nach Ladenschluss um achtzehn Uhr.

Ein Wort meines Großvaters habe ich immer noch im Ohr: »Matthias, wenn du dir etwas kaufst, dann kauf es immer in den kleinen Geschäften. Die musst du unterstützen. Die Großen machen uns kaputt.« Das versuche ich bis heute zu beherzigen. Die Zahl der inhabergeführten Geschäfte ist allerdings in den Innenstädten drastisch zurückgegangen, weil die Großen sich überall breitgemacht haben. Eine Stadt gleicht der anderen. Und jetzt stehen die Großen plötzlich vor dem Problem, dass es noch Größere gibt, die ihnen das Wasser abgraben. Das Internet macht es der Innenstadt schwer. Vielleicht sähe das anders aus, wenn dort viele kleine Geschäfte wären. Welche, die es wirklich nur in dieser Stadt und nirgendwo anders gäbe. Aber das muss man sich bei den Mietpreisen erst mal leisten können.

Es gibt ja immer wieder Stimmen, die die Lösung in unbegrenzten Ladenöffnungszeiten sehen und lautstark danach rufen. Ich rufe dann gerne zurück: »Ja, aber erst, nachdem wir rund um die Uhr medizinische Versorgung haben!« Ich gehöre nämlich zu den Menschen, die sich den Arm grundsätzlich erst am späten Freitagnachmittag brechen, wenn alle Praxen schon zu sind. Mit einem gebrochenen Arm will ich aber nicht rund um die Uhr einkaufen gehen, sondern zu einem Arzt. Bleibt selbstverständlich das Krankenhaus, das allerdings zum Wochenende hin personell ebenfalls ausgedünnt ist.

Ich versuche seit geraumer Zeit, nur noch dienstags oder donnerstags krank zu werden. Montags ist es in den Arztpraxen so berstend voll, weil ja gerade Wochenende war, und mittwochs haben die meisten Praxen wiederum nachmittags geschlossen. Und ich werde jetzt sicherheitshalber immer mit Vorlauf krank. Zumindest, wenn ich zu einem Facharzt muss. Mit viel Pech ist da der nächste freie Termin erst in ein paar Monaten zu erhaschen. Lebte ich jetzt noch auf dem Land, lautete die Frage eher: Von welcher Praxis sprechen wir hier eigentlich?

Es ist doch merkwürdig: Wir brauchen dringend Ärztinnen und Ärzte und zugleich gibt es zig junge Menschen, die jahrelang auf einen Medizinstudienplatz warten. Wie müsste also die dringend benötigte Lösung der Politik für den medizinischen Versorgungsmangel lauten? Richtig! Längere Ladenöffnungszeiten! Letztlich steckt dahinter eine innere Logik. Die meisten Unfälle passieren bekanntlich im Haushalt. Wenn die Läden auch am Sonntag geöffnet wären, würde damit logischerweise ob unserer Aushäusigkeit das Risiko sinken, sich zu Hause den Arm zu brechen.

Ich baute meinen Klappstuhl also in einer Parkbucht auf. Außerdem holte ich meinen kleinen Campingtisch aus dem Rucksack und stellte ihn neben mir auf, um meine Thermoskanne sowie diverse Behälter mit geschnippeltem Obst und Gemüse darauf zu drapieren.

Dann ging ich zum Automaten, kaufte einen Parkschein für zweieinhalb Stunden, klebte den Parkschein mittig auf einen DIN-A3-Malblock und lehnte diesen gut sichtbar an den Tisch.

Ich setzte mich in meinen Klappstuhl, schloss die Augen und wartete, wie lange es dauern würde, bis wohl der erste hupte.

Sieben Minuten!

Neben mir hielt ein kleiner Fiat 500, der Nachfolger des alten Klassikers Cinquecento, die Scheibe ging runter und ein braungebrannter Mittdreißiger mit einer goldumrandeten Pilotenbrille fragte mich, ob ich noch alle Tassen im Schrank hätte. Ich bejahte und lehnte mich wieder entspannt zurück. Er hupte noch einmal.

»Alter, das ist ein Parkplatz! Mach den mal frei! Aber *pronto*!«, rief er mir zu. Das Auto färbte offensichtlich ab. Zumindest sprachlich. Mit seinem doch recht muskulösen Arm fuchtelte er in der Luft herum. Ich fand, dass er überhaupt nicht zu einem Cinquecento passte. Ich will damit nicht sagen, dass es sich bei dem kleinen Flitzer um ein Frauenauto handelte, aber der gestählte und tätowierte Typ, dessen Kopf nur zwei Zentimeter von der Karosseriedecke entfernt war, was im Falle einer Bodenwelle durchaus unangenehm werden könnte, gehörte für mich eher in einen SUV mit der Speziallackierung »Purple Rain«. Da sieht man wieder einmal, wie sehr Klischees das eigene Denken einengen.

»Ich will jetzt hier parken!«

Ich rief ihm zu: »Dahinten ist doch noch einer frei!« und zeigte in Richtung des freien Parkplatzes zwei Buchten weiter.

»Ich will aber den hier. Weil das ist ein Parkplatz und kein Sitzplatz!«

»Weil das ein Parkplatz und kein Sitzplatz ist!«, korrigierte ich ihn.

»Hab' ich doch gesagt!«, entgegnete der Pilotenbrillenfahrer.

»Nein, Sie haben gesagt: ›Weil das ist ein Parkplatz und kein Sitzplatz!‹ Und das ist unabhängig vom inhaltlichen Wahrheitsgehalt grammatikalisch sehr unschön!«

Er hupte lang anhaltend.

»Hupen, wenn einem die Argumente ausgehen, ist armselig!«, rief ich ihm entgegen.

»Jetzt hör mir mal zu, du Klimakleber, ich mache dir gleich mal Beine!«

»*Mille grazie*«, entgegnete ich in meinem besten Italienisch. Ich weiß auch nicht, woher meine Gelassenheit kam. Wenn das anarchische Handeln ein bestimmtes Ausmaß erreicht hat, scheint mutiges Auftreten eine Art Nebenwirkung zu sein. Aber was heißt hier schon »anarchisches Handeln«. Im Gegenteil. Eigentlich verhielt ich mich ja erzpreußisch, und das rief ich der Pilotenbrille auch zu: »Ich habe einen Parkschein gelöst und bis elf Uhr dreißig parke ich jetzt hier.«

Der Mercedes hinter dem Fiat hupte lange, was den Audi-Fahrer dahinter ebenfalls dazu animierte. Das urbane Leben. Genauso hatte ich mir das gedacht und musste innerlich grinsen, während mein Kontrahent wild im Auto gestikulierte und ebenfalls hupte.

»Was veranstalten Sie denn hier?«, fragte mich plötzlich eine Politesse. Ich war verblüfft, dass so früh am Samstagmorgen bereits Ordnungshüterinnen unterwegs waren. Ich hielt ihr den Block mit dem Parkschein entgegen und sagte: »Ich habe ordnungsgemäß bezahlt.«

»Ja, Sie sind aber kein Auto«, erwiderte sie.

»Ich kann aber gucken wie ein Auto. Einen Moment ...«

»Sie können hier nicht sitzen!«

»Doch! Klappt doch! Schauen Sie!«

»Verlassen Sie bitte umgehend die Parkfläche!«

»Können Sie bitte endlich diesen Volltrottel abführen?«, rief die Pilotenbrille und hupte zur Bekräftigung.

»Laut Straßenverkehrsordnung ist das Reservieren eines Parkplatzes nicht zulässig. Das Blockieren einer Parkbucht ist Nötigung.«

»Ich reserviere den Parkplatz doch gar nicht. Ich parke hier. Nur ohne Auto.«

»Wenn Sie ohne Auto parken, dann parken Sie nicht.«

»Wenn ich jetzt hier mit einem Auto geparkt und einen Parkschein gelöst hätte, dürfte ich dann im Auto sitzen bleiben?«

»Ja natürlich, das dürften Sie.«

»Das ist doch absurd. Nur weil die metallische Hülle fehlt, soll der Parkschein hier ungültig sein?«

»Nein, der Parkschein ist ja gültig!«

»Aha! Da kommen wir der Sache doch schon näher.«

»Er gilt aber nur in Verbindung mit einem Auto!«

»Das steht hier aber nirgendwo.«

»Das weiß man doch aber!«

»Gut, dann starte ich halt den Motor.« Ich drehte einen virtuellen Schlüssel und machte ohrenbetäubende Brummgeräusche.

Inzwischen waren mehrere Fußgänger stehen geblieben, einer von ihnen filmte das Geschehen. Bestimmt konnte man diesen kleinen Disput in ein paar Minuten auf Instagram oder Tiktok sehen. Der Mercedes-Fahrer war zwischenzeitlich ausgestiegen und schrie nun in meine Richtung: »Linksgrün versifftes Dreckspack!«, während der Audi-Fahrer die beiden anderen überholte und rückwärts auf dem Parkplatz zwei Buchten weiter einparkte.

»Was machst du denn da?«, fragte mich Katja. Sie war plötzlich neben mir aufgetaucht. Ich war verblüfft, sie und Tommy ausgerechnet jetzt hier anzutreffen.

»Ich parke hier!«

Die beiden sahen sich an.

»Ist alles okay mit dir?«

»Ja, alles okay. Ich habe ordnungsgemäß einen Parkschein gelöst. Ich kann die ganze Aufregung hier auch nicht verstehen.« Ich simulierte das Geräusch eines aufheulenden Motors im Leerlauf.

Tommy ging auf mich zu und redete beruhigend auf mich ein: »Du, pass auf, wenn du wieder überarbeitet bist, das kriegen wir schon hin. Komm jetzt erst einmal von der Straße weg.«

»Ich bin doch gar nicht auf der Straße! Das ist eine Parkbucht. Was habt ihr eigentlich alle?«

Der Fahrer im Cinquecento schaute Tommy an, kreiste mit seinem Zeigefinger vor seiner Stirn und rief herüber: »Wenn ihr diesen Vollspacken kennt, nehmt den mal ganz schnell mit nach Hause. Noch hat er alle seine Zähne. Das könnte sich bald ändern!«

»Sag mal, Katja«, sagte ich, »du kannst mir doch als Mathelehrerin bestimmt erklären, wie wahrscheinlich es ist, dass ihr gerade jetzt in diesem Augenblick hier vorbeikommt. Die Geschäfte haben ja noch nicht mal auf. Ich würde sagen, dass die Wahrscheinlichkeit gegen null tendiert, oder?«

»Da müsste man zunächst einmal die Einwohnerzahl zugrunde legen, eine Zeitachse mit statistischen Mittelwerten von Stadtbesuchen am Samstag erstellen und das Grundflächenmaß der Kerninnenstadt ...«

»Ich sag mal so«, unterbrach Tommy ihre Kalkulation, »in einem Roman wäre es statistisch erheblich wahrscheinlicher als in der Wirklichkeit. Darauf können wir uns doch bestimmt einigen. Kannst du jetzt vielleicht mal bitte die Parkbucht frei machen?«

»Nein!«

Ein Polizeiwagen raste mit Blaulicht auf uns zu. Offenbar musste einer der Autofahrer die 110 angerufen haben. Ich biss in einen Streifen roter Paprika und bot der Politesse ebenfalls einen an.

»Nein, danke, ich bin im Dienst«, erwiderte sie freundlich. Dennoch: Durch mein Angebot schien sie mir gewogener zu sein als zuvor. Da sieht man es wieder, Essen verbindet.

Der Fahrer des Polizeiwagens stieg schwungvoll aus, sein korpulenter Kollege mühte sich ein wenig, kam dann aber auch auf mich zu. Ich erkannte ihn sofort.

»Sie schon wieder!«, sagte der Hosenmann. Ich hielt ihm die Paprikastreifen entgegen. Sein Gesicht nahm den Farbton meiner Paprika an. »Mir platzt gleich der Kragen!«, zischte er.

Na, immerhin nur der Kragen. Nicht wie beim letzten Mal, dachte ich, sagte es aber nicht laut. Glaube ich jedenfalls. Bin mir nicht mehr ganz sicher.

»Er hat ordnungsgemäß einen Parkschein erworben«, nahm mich die Politesse in Schutz.

»Der Vollpfosten hat so einen an der Waffel!«, sagte die Pilotenbrille.

»Wie lösen wir denn jetzt dieses kleine Problem?«, fragte der sportlichere der beiden Polizisten.

Ich entgegnete: »Längere Ladenöffnungszeiten!«

X Endstation

Im Normalfall hätte ich diese Kneipe niemals betreten. Aber es war nun mal der einzige Laden, der um diese Zeit noch geöffnet hatte, und ich musste. Dringend! Sehr dringend! Nachdem ich zuvor das urbane Leben in den Morgenstunden beobachtet hatte, erschien es mir wie eine logische Konsequenz, mich nun auch dem abendlichen Stadtleben zuzuwenden, daher hatte ich meinen Klappstuhl erst gegen zwanzig Uhr aufgestellt. Es war spannend, mitzuerleben, wie schnell sich die Straßen und Bürgersteige leerten. Wie unterschiedlich die Menschen waren, die dort entlanggingen. Manch einer zog vertieft in Selbstgespräche durch die Nacht, während andere stimmbandzersetzend im Pulk durch die Gassen grölten. Interessanterweise fragte mich während meiner abendlichen Sitzung selten jemand, ob ich mal einen Euro hätte. Im Gegenteil. Hin und wieder warf mir manch einer ein Geldstück vor die Füße. Das passierte mir auch tagsüber des Öfteren, denn wenn sich jemand einfach so mit einem Klappstuhl in die Stadt setzt, dann gibt es dafür scheinbar keine Erklärung, außer dass er betteln möchte. An diesem Abend waren es immerhin sieben Euro zweiundfünfzig und zwei Schweizer Franken, die ich erhielt, ohne danach gefragt zu haben. Aber einem geschenkten Barsch schaut man nicht hinter die Kiemen. Am meisten Geld verdiente ich ungewollt, wenn ich tagsüber in der Stadt saß und meine Klappresidenz verließ, um kurz in einem Kaufhaus oder Restaurant auf die Toilette zu gehen. Wenn ich zurückkam, lagen oft mehrere Euros auf meinem Campingtisch. Wieso gibt man einem leeren Klappstuhl Geld? Mich verblüffte es jedes Mal aufs Neue. Genauso wie die Tatsache, dass mir noch nie etwas geklaut worden war, wenn ich kurz fortging. Weder Stuhl noch Tisch noch Thermoskanne. Weder in der Stadt noch draußen auf dem Land. Vielleicht ist diese Welt gar nicht so schlecht, wie wir sie immer sehen. Oder der Stuhl und der Tisch und die Kanne waren zu hässlich. Oder beides.

Nun also war es weit nach Mitternacht und ich musste. Eigentlich musste ich schon ziemlich lange. Seit über zwei Stunden. Das lag wohl an der Wassermelone, die ich mir in Stücke geschnitten und während meines Ausflugs genossen hatte. Und eine Flasche Spezi. Das war immerhin auch ein halber Liter. Beim Aufstehen merkte ich erst, wie sehr mein Körper mich mahnte, die Dehnfähigkeit meiner Blase nicht überzustrapazieren.

Kaufhäuser und Restaurants waren jetzt natürlich zu. Niemand war zu sehen, ich hätte also einfach gegen eine Hauswand pinkeln können, aber so etwas mache ich nicht. Ich fragte mich sowieso, warum man bzw. Mann überhaupt gegen eine Hauswand pinkeln sollte. Oder gegen einen Baum. Irgendwie werden wir so sozialisiert, immer ein Gegenüber zu haben, dabei geht das doch rein physiologisch betrachtet auch im freien Fall.

Wenn man so richtig dringend muss, läuft es sich gar nicht gut. Obgleich ein Klappstuhl nicht wirklich viel wiegt, erschwerte er das Gehen noch zusätzlich. Betrunkene und Dringendmüssende haben einen gleichgewichtsverwirrten Gang, da kann sich eine einseitige Gewichtsbelastung durchaus auf das geradlinige Vorankommen auswirken. In einer Nebenstraße entdeckte ich dann diese Kneipe. Licht drang aus den Mosaikfenstern, die einen Blick in das Innere verwehrten. Über der Eingangstür stand in Leuchtschrift der Name: *Endstation*. Wobei das erste »N« und das zweite »T« dunkel blieben. Die Tür öffnete nach innen, was für eine Kneipe sehr untypisch war. Hieß die *Endstation* womöglich deswegen so, weil man dort nur hineingeht, aber nie wieder hinaus?

»Moin! Ich hätte gerne eine Cola light. Muss nur erst auf die Toilette.«

»Moin« ist die perfekte Grußformel. Rund um die Uhr. Man muss sich keine Gedanken darüber machen, ob die mitternächtliche Stunde nun ein »Guten Abend« oder bereits ein

»Guten Morgen« erfordert. Der Zeitknigge spricht sich für Letzteres aus. »Gute Nacht« wäre an sich am plausibelsten, aber da das bei uns ja nur zur Verabschiedung genutzt wird, scheidet es dummerweise aus. Das in Norddeutschland verbreitete »Moin« bedeutet keineswegs »Morgen«, sondern lässt sich etymologisch wohl vom plattdeutschen Wort »moi« ableiten, das »angenehm«, »gut« oder »schön« heißen kann. Da es aber auch im Süden Dänemarks, in den Niederlanden und sogar in Polen von den Kaschuben wie auch in der ähnlichen Form »Moien« in Luxemburg verwendet wird, halte ich »Moin« für den europäischsten Gruß, den wir haben.

Ich schaute mich im Gastraum um. *Endstation*, ein passender Name für diesen Schuppen!

»Wo ist denn hier die Toilette?«, fragte ich.

»Cola was?«, antwortete der Wirt mit der heiseren Stimme eines klischeehaften Mafiabosses der Siebzigerjahre.

»Das Klo? Wo ist das Klo?«

»Umme Ecke. Was willst du für Zeuch trinken? Cola was?«

»Light! Oder Zero. Ohne Zucker! Ich muss wirklich sehr dringend! Bin gleich wieder da!«

Es ist komisch, wie lange man aus- bzw. anhalten kann, obwohl man so richtig schrecklich muss. Selbst, wenn man das Gefühl hat, gleich platze einem die Blase. Ewig lange kann man es zurückhalten. Aber in dem Augenblick, da man sich der rettenden Toilette ganz nahe weiß, in dem Moment, da man weiß, jetzt sind es noch maximal zwanzig Sekunden, genau dann hat man plötzlich das Gefühl, dass es jetzt nicht eine Sekunde länger dauern dürfte. Irgendwo im Körper wird bereits ein psychosomatischer Hebel umgelegt. Fachleute sprechen vom sogenannten Point of no Return.

Herrentoilette. Ich lehnte meinen Klappstuhl an die Wand und wollte schwungvoll die Tür öffnen. Zu!

»Männer is' kaputt! Kannst die Damen! Was für 'ne Cola willst du nu' hab'n?«

»Irgendeine Cola, ist völlig egal!«

Der bloße Gedanke an ein Getränk ließ gleich alle Dämme brechen.

»Egal is' achtundachtzig! Also 'ne normale Cola«, murmelte der Wirt in seinen Bart. Und das ist nicht nur eine weitere schöne Redewendung, die das Deutsche bereithält, der Mann hatte tatsächlich einen wildwuchernden Bartwuchs.

Es gibt nur wenige Dinge, die so befreiend sind, wie Pinkeln, wenn man seit Stunden muss. Ich mag das Wort »pinkeln«. Möglicherweise ist es nicht die vornehmste Ausdrucksweise, aber als Demokrat finde ich es unwürdig, dorthin zu gehen, wo auch der Kaiser zu Fuß hingeht. Ich muss mir auch nicht die Nase pudern. Natürlich könnte ich »Wasser lassen«. Aber nach meinem Sprachempfinden klingt das furchtbar. Schlimmer ist nur noch »Wasser abschlagen«. Da fragt man sich doch: Was machen diese Leute? Einer handwerklichen Tätigkeit nachgehen? Das ist nichts für mich. Ebenso empfinde ich »urinieren« als schrecklich. Vermeintlich sachlich, aber der Wortklang ist trotz aller Objektivität irgendwie ordinär. »Pullern« geht ebenfalls gar nicht. Genau wie »strullen«, »ablitern«, »schiffen«, »Pipi machen«, »eine Stange Wasser in die Ecke stellen« oder am schlimmsten: »lullern«!

»Miktieren«, das wäre ein medizinisch korrekter Begriff. Tommy hatte mich mal darauf hingewiesen. »Miktieren« leitet sich vom lateinischen Wort »mingere« ab und heißt übersetzt »harnen«. Auf Deutsch klingt es schon wieder unsäglich. Manchmal verstehe ich, warum Tommy die lateinische Sprache so verehrt.

Wenn ich mal bei piekfeinen Leuten eingeladen sein sollte, werde ich das anbringen und höflich fragen, wo ich wohl mal miktieren könne.

Ich habe mal gelesen, das maximale Fassungsvermögen einer Harnblase liege bei neunhundert bis tausendfünfhundert Milliliter. Nicht bei allen. Und außerdem im maximal gedehnten Zustand. Den aber hatte ich an jenem Tage offensichtlich erreicht.

Der erste Harndrang setzt interessanterweise trotz dieser immensen Kapazität schon viel früher ein. Bei einem gesunden Menschen kann das bereits bei unter dreihundert Millilitern beginnen. Auch wenn es durchaus einen Unterschied zwischen Männern und Frauen gibt – Männer sind in Sachen Blasenvolumen im Vorteil –, so ist es doch gut zu wissen, dass man dann noch Platz und damit auch Zeit hat. Insbesondere ist dieses Wissen bedeutsam, sollte man mal bei den Richard-Wagner-Festspielen in Bayreuth im Zuschauerraum sitzen. Pause ist da meist erst sehr weit nach Einsetzen des ersten Malmüssengefühls, und da beruhigt es doch ungemein, im Besitz der Information zu sein, über welche Aufnahmekapazität das eigene Organ verfügt. Natürlich können die Frequenzen der Walküren die Parameter nach unten verschieben.

Seife und Handtücher gab es in der *Endstation* nicht, immerhin funktionierte das Wasser. Nur kalt, aber Wasser. Ich starrte in den stumpfmilchigen Spiegel, auf den jemand mit roter Farbe geschrieben hatte: »Tausche Pissnelke gegen Prilblume!« Da hatte ich schon weit Besseres gelesen, obgleich mich die Schmierereien trotzdem immer störten. Man muss doch wirklich nicht alles bekritzeln.

»Wie Adolf Hitler sitz' ich hier, die braune Masse hinter mir!« Das war der originellste Klospruch, der mir bislang unterkam. Der hatte immerhin eine Metaebene.

Ich verließ die Damentoilette und ging mit meinem Klappstuhl zurück in den Gastraum. *Endstation*, hier hielt der Name, was er versprach. Das Mobiliar war uralt, aber ohne jeden Retroschick. Es gibt eben doch einen Unterschied zwischen antik und alt.

Am Tresen saß ein Scheintoter, vor sich ein Bier, und in der Ecke ein weiterer Mann, der irgendwie sehr untypisch für diese Art Etablissement in einem Buch blätterte und vor sich ein Glas Rotwein stehen hatte.

»Hier! Deine Cola!« Der Wirt knallte ein Halbliterglas auf den Tresen.

Meine Bestellung hatte ich längst vergessen. Ich hätte doch einfach auch fragen können, ob ich mal auf die Toilette gehen dürfe, zwei Euro auf den Tisch, quasi Sanifair mit Nachtpottzuschlag, und fertig.

Ich wollte diese Cola nicht! Also, eigentlich wollte ich das Glas um die Cola nicht. Andererseits kam ich mir plötzlich schrecklich elitär vor. Zieh das jetzt durch, sagte ich innerlich zu mir und nahm einen ordentlichen Schluck. Ein schwerer Fehler!

»Was is' das denn?« Am liebsten hätte ich das Gebräu über den Tresen gespuckt. Aber das wäre selbst mir zu viel Slapstick.

»'Ne Cola! 'Ne normale!«, antwortete der Wirt.

»Das ist doch keine normale Cola! Da ist doch Schnaps drin!«

»Jo! Normale Cola! Fifty-fifty!«

»Fifty-fifty was?«

»Hälfte Cola, Hälfte Korn!«

»Fünfzig zu fünfzig? Das ist ein Nullfünfglas! Sie haben da nicht ernsthaft einen Viertelliter Korn reingekippt?!«

»Wenn du Whisky oder Rum gewollt hättest, hättste sagen müssen. Dann hätte ich auch die Schnöselvariante gemacht.«

»Eine Cola mit zweihundertfünfzig Millilitern Korn, das ist doch nicht normal!«

Der Mann in der Ecke schaute von seinem Buch auf. »Was ist denn heute schon normal?«, begann er. »Es gibt kein ›normal‹. Für den Millionär ist es normal, einen Privatflieger zu haben. Und für unzählige Menschen ist es normal, keine regelmäßige Mahlzeit zu bekommen.«

In diesem Augenblick regte sich auch der Scheintote an der Bar. Er war ordentlich angetrunken, drehte sich wankend zu seinem Kompagnon um und lallte ihm entgegen: »Oh nee, Ecki, hör ma' auf mit deinem Kommunistengedöns!«

»Das hat doch überhaupt nichts mit Kommunismus zu tun. Wenn es Leute gibt, die das Geld scheißen, und andere, die nichts zu fressen haben, ist das keine Frage von Kommunismus, sondern von Menschlichkeit! Trink weiter dein Bier, Norbert. Wenn dir das alles am Arsch vorbeigeht, ist das deine Sache, aber ich lasse mir den Mund von dir nicht verbieten.«

Der Wirt mischte sich ein. »Nu hör mal auf, Ecki. Nich' immer politisieren! Was soll denn unser Gast von uns denken. Wir sind doch hier nich' inner Fernsehtalkshow!«

»Nee, den wollen die da auch nich', den Ecki, den alten Salonkommunisten! Ich sach' ma' so, wer inner *Endstation* Rotwein trinkt, hat ja wohl die Kontrolle über sein Leben verloren.« Er drehte sich zu mir. »Bei der Gelegenheit: Trinkst du deine Cola gar nich'? Ich würde sie sonst nehmen.« Erwartungsvoll schaute er mich an.

»Nein, die trinke ich bestimmt nicht. Aber ich habe schon aus dem Glas ... Ich spendiere Ihnen eine neue.«

»Angenommen! Aber die hier trinke ich auch aus. Das gute Zeug soll doch nich' verkommen!« Während Norbert mein Glas zu sich rüberzog, rief der Mann mit dem Rotwein: »Typisch Norbert! Wenn es um Alkohol geht, dann macht er sofort einen auf nachhaltig!«

»Ich komm' da gleich ma' rüber, Ecki. Dann geb' ich dir aber nachhaltig einen auffe Zwölf.«

Norbert und Ecki erinnerten mich an Jack Lemmon und Walter Matthau. Oder an Don Camillo und Peppone. Schon schräg, wohin einen die Blase so führt.

Eigentlich wollte ich gehen, aber irgendetwas hielt mich fest. Das war eine Form von Wirklichkeit, die bislang in meinem Leben nicht vorkam. Kneipen wie diese. Ob sie nun »Bierschwemme« hießen, »Schluckstube«, »Günnis Eck«, »Trunkenbold« oder eben »Endstation«. Eine ganz eigene Welt und doch im Kleinen ein Abbild unserer Gesellschaft.

Ecki, das hatte ich inzwischen erfahren, hieß eigentlich gar nicht Ecki, sondern Thorsten. Aber weil er in der *Endstation* immer in der Ecke saß, nannten ihn alle Ecki. Oder manchmal auch den »Doktor«. Weil er wohl in irgendeiner geisteswissenschaftlichen Disziplin promoviert hatte. Was ich persönlich hier an einem solchen Ort von einem Gast nicht erwartet hätte. Wieder einmal dachte ich über die Wirkmächtigkeit von Klischees nach.

Der Wirt hatte vor sich drei kleine Schälchen, in denen jeweils ein paar Nussreste waren. Er schüttete alles zusammen, griff mit seiner Pranke in eine weitere, etwas größere Schüssel mit Erdnüssen, ließ diese in das Schälchen fallen und stellte es neben mein Colaglas. Er leckte sich die salzigen

Finger ab. Irgendwie kam bei mir kein Appetit auf Nüsschen auf.

Plötzlich zuckte Norbert neben mir zusammen.

»Na, zwickt die Leber wieder? Vielleicht doch mal'n Kamillentee?«, fragte ihn der Wirt.

»Nix Leber! Ich sach' dir, da hat mich wieder irgend so einer gevoodoopuppt!«

Ich schaute ihn entgeistert an. »Ge-was?«

»Gevoodoopuppt!«

Während sich Norbert noch auf seinem Stuhl krümmte, beugte sich der Wirt über den Tresen und wandte sich konspirativ an mich: »Norbert meint, dass es hier irgendwo irgendjemanden gibt, der eine Voodoopuppe von ihm hat, und immer, wenn es ihn zwickt, hat dieser Jemand eine Nadel in die Puppe gestochen. Ich sach', es ist die Leber!«

»Quatsch! Ich werde gevoodoopuppt! Wenn jetzt hier aus aller Welt Millionen Leute einfallen, dann sind da garantiert so Voodooleute dabei und die voodoopuppen uns Deutsche dann so langsam weg.«

Ecki schlug sein Buch zu und rief empört rüber: »Jetzt hörst du aber mal auf mit deinem Nazischeiß!«

»Was heißt denn hier Nazischeiß? Das muss ich mir von einem wie dir ja wohl nicht sagen lassen!«

Der Wirt versuchte zu schlichten: »Könnt ihr mal über was anderes reden als über Politikzeugs? Das macht mich fertig!«

»Also das mit den Voodooleuten, die hierherkommen, das wird man ja wohl noch mal sagen dürfen! Aua! Da! Schon wieder einer!« Norbert wand sich theatralisch wie unter starken Krämpfen.

Ecki war inzwischen aufgestanden und zu uns gekommen. Er legte Norbert seinen Arm um die Schulter und setzte mit süffisantem Tonfall an: »Ich glaube, ich weiß, wer schuld ist! Dahinter stecken bestimmt die Illuminaten.«

Ich musste schmunzeln. Norbert wand sich aus Eckis Umarmung und wütete ihm entgegen: »Ach, leck mich! Weißt du was, du rotlackierter Baumwolltaschenfaschist, ich wünsche dir, dass dich auch einer mal so richtig voodoopuppt, dann weißt du nämlich, wie das is'! Ich lass mir doch nix von einem Typen sagen, der zu Hause seine Schlüpfer auf der Heizung trocknet.«

»Aber das ist doch keine Art, einen Menschen zu beurteilen«, entgegnete ich und setzte hinterher: »Ganz ehrlich, ich trockne meine Schlüpfer auch manchmal auf der Heizung.«

»Ja, aber der Ecki hat Fußbodenheizung!« Norbert griff beherzt in das Schälchen mit den Nüssen, warf sich eine Handvoll in den Mund, spülte mit der Korncola nach und proklamierte dann feierlich: »Ganz schön viel getrunken. Ich muss dringend mal den Lurch auswringen.«

Er wankte in Richtung Damentoilette und ich merkte mir, dass es also doch noch eine schlimmere Formulierung als »lullern« gab.

Gegen meine eigene Erwartung blieb ich noch bis halb fünf Uhr morgens in der *Endstation*. Der Wirt ließ mich meine weiteren Colas kornfrei trinken. Vier oder fünf waren es bestimmt. Ich gab mir in dieser Nacht so richtig die Kante. Die Zuckerkante. Es war schon spannend, sich die Welt von echten Spezialisten erklären zu lassen. Als ich die *Endstation* verließ, dämmerte bereits der Morgen. Nun war ich also mit meinem Klappstuhl wieder in der normalen Welt. Aber was heißt schon normal? Die Luft war frisch, aber nicht wirklich kalt. Die Vögel sangen. Und ich – musste!

XI Spinnoleum

»Was machen Sie denn da? Sie haben hier nichts zu suchen!«

Ich hatte meinen Klappstuhl zwischen dem kleinen verfallenen Mausoleum der Familie von Harting und der uralten Eiche aufgebaut. Natürlich ein wenig abseits, um niemanden zu stören. Und ja, es war mir durchaus bewusst, dass es zu Irritationen kommen kann, wenn man mit seinem Klappstuhl auf dem Friedhof Station macht. Aber wenn man das Leben vollends kennenlernen will, sollte man sich die Zeit nehmen und an den Ort gehen, an dem alles endet beziehungsweise an dem das Ende des Seins einen Ort hat. Ein Ort voller Geschichten.

Der rundliche Mann, der mich soeben angesprochen hatte, kam keuchend näher. Er trug einen schwarzen Anzug und schlenkerte in der linken Hand seinen Zylinder, den er von seinem verschwitzten Kopf genommen hatte. Ein Zipfel seines weißen Hemdes ragte aus der Hose hervor.

»Was soll das denn?«

»Was soll was?«, fragte ich ihn. Ich hatte mich dafür entschieden, einfach mal auf naiv zu schalten. Er stand schnaufend vor mir, den Oberkörper von der Anstrengung seines Laufes nach vorne gebeugt. Mit den Händen stützte er sich auf seinen Oberschenkeln ab.

»Sie können doch hier nicht einfach auf dem Friedhof Picknick machen!«

»Wie kommen Sie denn auf die Idee, dass ich hier ein Picknick mache?«

»Ja, oder was weiß ich, was Sie da in Ihrem Liegestuhl treiben.«

»Das ist nur bedingt ein Liegestuhl«, klärte ich mein Gegenüber auf. »Vorrangig handelt es sich um einen Klappstuhl. Und in der Friedhofsordnung steht nichts darüber, dass es auf dem Friedhof verboten wäre, auf einem Klappstuhl zu sitzen.«

»Ich kann mir aber auch nicht vorstellen, dass es erlaubt ist!«, setzte der Mann in Schwarz hinterher.

»Doch!«, sagte ich.

»Nein!«, entgegnete er. »Woher wollen Sie wissen, was ich mir vorstellen kann?«

»Nicht, was Sie sich vorstellen können. Aber ich bin mir sicher, dass es nicht *nicht* erlaubt ist, hier auf einem Klappstuhl zu sitzen. Deutsche Friedhofsordnungen sind noch genauer als deutsche Kleingartensatzungen. Und was auf dieser Welt ist schon so ausführlich wie eine deutsche Kleingartensatzung? Das Sitzen auf einem Klappstuhl ist in der hiesigen Friedhofsordnung ausdrücklich nicht verboten. Und deshalb sitze ich hier.«

»Ja, aber warum?«

»Darf ich Ihnen eine Gegenfrage stellen? Was wollen Sie mal werden, wenn Sie tot sind?«

»Was?«

»Ich denke darüber nach, ob ich mir eine Erd-, Urnen- oder Seebestattung wünsche. Oder ob man einen Teil meiner Asche zu einem Diamanten zusammenpressen könnte. Und den Rest ins Weltall schießt. Was ich aber wegen der Schadstoffemissionen eigentlich vermeiden möchte. Ist doch schlimm, wenn man selbst nach dem Tode noch einen ganz miesen CO_2-Abdruck hinterlässt. Aber wissen Sie was? Ich würde gerne eine Schallplatte werden! Wussten Sie, dass das geht? Man kann die Asche eines Toten der Vinylmischung beifügen, mit der man dann die Schallplatte presst. Eine Zehnerauflage ist locker drin. Und dann erklingt nicht nur meine Stimme, sondern in gewisser Weise bringt die Nadel mein ganzes Sein zum Schwingen.«

Der Mann starrte mich völlig entgeistert an und ich gestehe, dass ich genau diese Situation hatte heraufbeschwören wollen.

»Sagen Sie mal, was hat man Ihnen denn in den Tee getan?«

»Klingt seltsam, das mit der Platte, ist aber wahr.«

»Ich weiß, dass das wahr ist! Ich bin Bestatter und kenne sämtliche Bestattungsoptionen. Selbst die, die noch so abstrus und in meinen Augen auch pietätlos sind. Eine Schallplatte, ich bitte Sie! Womöglich erfindet eines Tages jemand auch noch die Möglichkeit, die Asche zu streamen. Irgendwann ist aber auch mal gut! Jedenfalls habe ich in zwei Stunden eine Beisetzung. Und zwar genau hier! In diesem Mausoleum. Und eine Person, die in ihrem Liegestuhl direkt davor herumlungert, kann ich nun wirklich nicht gebrauchen.«

»Klappstuhl.«

»Natürlich.«

»Ich dachte, diese Mausoleen wären gar nicht mehr in Betrieb.«

»Doch, doch! Selten zwar, aber sie werden immer noch genutzt. Es handelt sich ja um Familiengräber.« Er schaute ungeduldig auf seine Uhr.

»Wenn Sie da jetzt reinmüssen, wäre es in Ordnung, wenn ich mal kurz einen Blick reinwürfe? Ich bin Historiker. Mich interessiert, wie es darin aussieht. Wissen Sie, ich habe ein Faible für Friedhöfe und …«

»Jajaja, solange Sie nichts anfassen und Ihren Stuhl draußen lassen, können Sie kurz reinschauen. Kurz! Und seien Sie ganz vorsichtig, wir haben gestern die Steinplatte über der Gruft geöffnet, damit wir den Sarg runterlassen können. Da ist jetzt ein Loch. Nicht, dass Sie mir da reinfallen. Da geht es zwei Meter achtzig in die Tiefe.«

»Ich verstehe.«

»Und es ist extrem dunkel im Inneren, insbesondere wenn man gerade aus dem Hellen kommt. Die Augen brauchen eine Weile, um sich daran zu gewöhnen.«

Das Mausoleum der von Hartings stand inmitten hoher Rhododendren. Der Rhododendron ist eine herrliche Pflanze – welch ein Farbenmeer, wenn er in voller Blüte steht! Wenn ich Rhododendren sehe, muss ich immer an Hämorrhoiden denken. Nicht wegen der Optik, sondern weil ich weder beim Rhododendron noch bei Hämorrhoiden ad hoc weiß, wie man es korrekt schreibt. Bei »Chrysantheme« und »Dekolleté« geht mir das genauso.

Die Hämorrhoide ist die Chrysantheme im Dekolleté des Rhododendron!

Als Kind dachte ich ja immer, dass ein Mausoleum etwas mit kleinen Tieren zu tun haben müsse. Was nicht ganz falsch ist, denn in den meisten Mausoleen finden sich Mäuse, manchmal auch Ratten. Und mit Sicherheit Spinnen. Ganz viele Spinnen. So viele Spinnen, dass es eigentlich Spinnoleum heißen müsste.

Das Wort »Mausoleum« leitet sich ab von der Grabstätte des Maussolos von Halikarnassos, eines Kleinkönigs von Karien. Karien ist übrigens eine historische Landschaft in der heutigen Türkei. Dieses Grab gehörte zu den sieben Weltwundern der Antike. Das hatte ich neulich auf Wikipedia herausgefunden, als ich mich dort wieder mal von Höcksken auf Stöcksken klickte. Eigentlich wollte ich nur kurz nachschauen, was der Unterschied zwischen einem Kometen und einem Meteoriten ist. Dann kam ich vom Meteoriten auf den Meteorismus. Das hat gar nichts mit dem Weltall zu tun, sondern bezeichnet die »Blähsucht« oder den »Blähbauch«. Das altgriechische Wort »meteoros« bedeutet »emporgehoben« oder auch »hoch in der Luft«. Genau das ist das Problem des Blähbauches.

Durch sehr ballaststoffreiche Ernährung können im menschlichen Darm bis zu elf Liter Wasserstoff am Tag gebildet werden. Elf Liter! Ob ich Wikipedia an dieser Stelle Glauben schenken sollte, wusste ich nicht. Dieser Wasserstoff wird von Darmbakterien dann wiederum zu Methan verarbeitet, und das Methan wird dann teilweise »abgeatmet«, wie es korrekt heißt. Es entweicht also in Form von Winden. Praktisch wäre, wenn man bereits den Wasserstoff abatmen könnte. Denn wir reden ja immer über neue Antriebsarten bei Autos, und viele bringen da Wasserstoff ins Gespräch.

Ein flatulenzbetriebenes Auto. Erst pupen, dann hupen!

Wie ich dann auf Maussolos von Halikarnassos gekommen war, weiß ich auch nicht mehr.

Das Mausoleum vor mir war gut sechs Meter hoch, aus Kalkstein, von der Zeit geschwärzt, und hatte ein Kupferdach, das so alt war, dass inzwischen selbst der Grünspan eine neue, unbestimmte Farbe angesetzt hatte. Über der schweren eisernen Tür, die mehrere Lufteinlässe in Form von Lilien besaß, prangten der Name »Ottokar Freiherr von Harting« und die Jahreszahl 1864. Der Bestatter ging vor mir in das alte Gemäuer hinein, ich folgte ihm vorsichtig und zog die Tür hinter mir zu.

»Was machen Sie denn da?«, schrie mich der Bestatter an.

»Ich habe die Tür ...«

»Warum zum Teufel machen Sie denn die Tür zu? Der Schlüssel steckt doch noch draußen! Und innen ist nur ein Knauf!«

Das war jetzt suboptimal.

»Haben Sie ein Handy? Ich hab' meines im Leichenwagen gelassen.«

Das war noch suboptimaler. Ich klärte ihn über meine mittlerweile berühmt-berüchtigte Klappstuhl-Smartphone-abstinenz auf. Der Bestatter fluchte und ich dachte, es wäre besser, mich erst einmal unsichtbar zu machen, was sich im Dunkel des Mausoleums nicht allzu schwer gestalten sollte. Ich hatte mich sehr vorsichtig ein, zwei kleine Schritte von dem schimpfenden Anzugträger entfernt, als ich es plötzlich in meinem Nacken kribbeln spürte. Ich hoffte, dass das nur von der Angst kam und es nicht eine Spinne war, die es sich auf meinem Nacken bequem gemacht hatte. Das hätte meiner Arachnophobie nämlich gar nicht gefallen. Langsam stieg die Panik in mir hoch. Ich ging einen weiteren Schritt vorwärts, mein Schuh knarzte.

»Vorsicht«, schrie der Bestatter, »die Gruft!«

Fast wäre ich in das Loch hineingefallen. Obwohl matter Lichtschein durch die Türlilien und das milchige Fenster fiel, hatten sich meine Augen noch nicht an die Dunkelheit gewöhnt. Das dauerte länger, als ich dachte. Vielleicht wäre mir wohler gewesen, wenn ich auch weiterhin nichts gesehen hätte, aber mit der Zeit wurden langsam Konturen erkennbar. Die schwere Steinplatte, die die Gruft verschlossen hatte, lag links neben der Öffnung. Der Bestatter saß neben der Gruft auf dem Fußboden und friemelte an irgendwelchen

Verschraubungen herum. Durch die Öffnung sah ich die Särge in der Grabkammer, die meisten in einem erstaunlich guten Zustand, nur einer war morsch und eingefallen.

»Was ist denn das für ein flegelhaftes Verhalten dort oben!«

Aus dem Gewölbe starrte ein Mann mit leerem Blick zu mir herauf. Er trug eine Uniform, sie war zerfranst und bräunliche Stockflecken übersäten den Stoff.

»Um Gottes willen, was ist das denn?!«

»Bleiben Sie ganz ruhig«, flüsterte der Bestatter neben mir auf mich ein. »Sie haben gerade Ihre Ängste externalisiert und damit diesen Geist heraufbeschworen.«

»Gar nix hab' ich gemacht!«, zischte ich zurück. »Exterwas?«

»Externalisiert! Das ist in solchen Momenten normal, ist mir auch schon passiert.« Der Mann, bei dem ich mich fragte, ob es sich wohl um den ersten von Harting halten könnte, der hier zur Ruhe gebettet wurde, hörte aufmerksam zu. Ich ließ ihn nicht aus den Augen.

»Es ist im Prinzip das Gegenteil einer psychosomatischen Reaktion«, fuhr der Bestatter fort. »Bei einer psychosomatischen Reaktion kriechen die Ängste nach innen und können dort Krankheiten verursachen. Bei der Externalisierung von Ängsten können wiederum durchaus Geister erscheinen. Die existieren nicht wirklich, sondern sind eben nur ein paranormales, ein psychologisches Phänomen. Eine Projektion.«

Nun protestierte der Mann in der Gruft: »Dagegen verwahre ich mich aber entschieden. Mich als inexistent zu verunglimpfen, obgleich ich hier stehe, das ist eine bodenlose Unverfrorenheit. Gesindel, übles! Schere er sich hinfort!«

Die weiße Frau neben ihm nickte bekräftigend. Moment – wieso weiße Frau?

»Die haben Sie jetzt aber gemacht ... äh externalisiert!«, rief ich dem Bestatter entgegen.

»Entschuldigung, das ist mir schon lange nicht mehr passiert. «

»Wieso erdreistet er sich überhaupt, einfach so in unser Refugium einzudringen? Erkläre er sich!«, sprach der Mann aus der Gruft.

»Ich, also, das war so: Freunde von mir hatten mir einen Klappstuhl – oder nein, anders. Ich war überarbeitet und ... Da war dieser Polizist mit der zerrissenen Hose. Nein, nein, nein, eigentlich wollte ich nur einen Klappstuhl für mein Kabuff wegen der zu vielen Gäste, verstehen Sie, keinen Liegestuhl, obwohl ein Liegestuhl ja auch ein Klappstuhl ...«

»Er redet wirr! Mich deucht, er ist von allen guten Geistern verlassen! Hinfort!«, sagte der Mann aus der Gruft.

Es klopfte an der Tür. »Hallöchen! Ist da jemand?«

Wir vier antworteten unisono »Ja!«, und ich rief hinterher: »Kommen Sie rein! Bitte! Schnell!«

Der Schlüssel drehte sich im Schloss und die Tür öffnete sich. Gleißendes Sonnenlicht fiel in das Mausoleum, und mit einem Schlag waren die beiden Geister verschwunden.

Vor der Tür stand ein riesiger Kranz. Mit einer Schleife.

Der Kranz sprach: »Herr Bühre, sind Sie hier drin?«

»Ja, hier. Auf dem Boden.«

»Ich kann überhaupt nichts sehen«, erwiderte der Kranz.

»Herr Rohmann, sind Sie das?«, fragte der Bestatter.

Der Kranz glitt langsam nach unten.

Und dahinter stand – der Hipster. Der Hipster aus dem Gully.

Das konnte nicht sein. Sollte ich vollends den Verstand verloren haben?

»Das ist unser Florist Herr Rohmann«, erklärte der Bestatter, immer noch flüsternd, in meine Richtung.

Der Florist hob den Kranz wieder hoch und tastete sich mit unsicheren Schritten nach vorne.

Ich rief noch »Obacht!«, aber da war er auch schon in der Gruft verschwunden.

Nachwort

Es ist ungewöhnlich, wie es überhaupt zu meinen Klappstuhlerlebnissen kommen konnte. Alles begann nämlich mit einem Stipendium, das vom Niedersächsischen Ministerium für Wissenschaft und Kultur angesichts der Probleme, die in Corona-Zeiten im Kulturbetrieb entstanden sind, vergeben wurde. Aufgrund dieser Förderung konnte ich überhaupt losziehen und aus meinen Erlebnissen schließlich das Kabarettprogramm »Klappstuhl und ich!« auf die Bühne bringen. Danke dafür!

Da in dem Programm viel Musik erklingt, war dort kein Platz für alle erlebten Geschichten, sodass wiederum dieses Buch entstand. Herzlichen Dank an dieser Stelle übrigens an Christian Schulz, genannt »Chrille«, der mich immer wunderbar beim Bühnenprogramm »Klappstuhl und ich!« musikalisch begleitet.

Und natürlich muss ich Tommy dankbar sein, der mir so fürsorglich den Vierzig-Euro-Klappliegestuhl mitbrachte. Gratias, alter Römer!

Danke sage ich ganz besonders meiner Familie, die immer mit meinen komischen Arbeitszeiten wie auch mit meinen verrückten Ideen zurechtkommen muss.

Ich freue mich sehr, dass dieses Buch bei zu Klampen erscheint, und danke von Herzen meiner Lektorin Regina Derr. Ebenso herzlich danke ich Zenek Lubitz für die Mitarbeit.

Ein großer Dank geht an Malte Wulf, alias »Malte der Stadtzeichner«, der die schönen Illustrationen zu den einzelnen Kapiteln angefertigt hat. Übrigens nicht mit Feder oder Pinsel, sondern mit Glaspipette und Tinte.

Danke sage ich auch Jutta Jahnke und Elisabeth Baumann, die meine Tourneen organisieren und denen ich so lange schon eng und in Freundschaft verbunden bin.

Vor Kurzem habe ich übrigens Ecki aus der *Endstation* wiedergetroffen. Er bereitete sich in einer Buchhandlung auf eine Lesung vor, denn zwischenzeitlich hat er ein fast achthundert Seiten starkes Werk herausgebracht mit dem Titel *Soziologie der Eckkneipe – eine kleine Geschichte der Taverne von 1618 bis heute*. Ich bin gespannt, ob am Ende dieses Buches nichts mehr so ist, wie es vorher einmal war. Bei der Gelegenheit: Tommy und Katja haben angefangen, Salsa zu tanzen. Meinen Vorschlag, das mal bei Regen an einem einsamen Strand in der Bretagne auszuprobieren, werden sie erst nach dem Lesen dieses Buches verstehen. Sofern sie das Buch nicht wie den Rioja weiterverschenken.

Zuletzt bleiben mir nur zwei Wünsche für Sie, liebe Leserin, lieber Leser:

Wenn Sie das Gefühl haben, die Zeit rennt Ihnen weg, dann nehmen Sie sich einen freien Tag und fahren Sie mit einem Klappstuhl und ohne Smartphone irgendwohin. Bleiben Sie an diesem gewählten Ort wenigstens acht Stunden sitzen. Sie werden schon nach kurzer Zeit feststellen, wie lang ein Tag sein kann. Bitte betreten Sie keine alten Gemäuer!

Und wenn Sie nicht mit einem Klappstuhl unterwegs sind, lassen Sie bitte stets das Smartphone in der Hosentasche, wann immer Sie die Toilette aufsuchen, und verschicken Sie keine Liebesgrüße vom Rande der Schüssel.

Matthias Brodowy

Über den Autor und den Illustrator

Matthias Brodowy, geboren 1972, ist Kabarettist und Musiker und tourt seit der Jahrtausendwende mit seinen bislang elf Bühnenprogrammen quer durchs Land. Er wurde von Hanns Dieter Hüsch entdeckt und von ihm 1999 als erster Preisträger mit dem Kabarettpreis Das schwarze Schaf vom Niederrhein ausgezeichnet. Weitere Auszeichnungen folgten, darunter der Deutsche Kleinkunstpreis (2013). Neben seinen Soloprogrammen arbeitet er seit 2007 eng mit dem Hamburger Puppenspieler Detlef Wutschik (»Werner Momsen«) zusammen und hat mit ihm bislang drei Theaterstücke geschrieben und auf die Bühne gebracht. Brodowy ist regelmäßig im Radio zu hören und schreibt Kolumnen für verschiedene Zeitungen und Zeitschriften.

Malte Wulf, geboren 1967 in Marburg, hat in Minden und Toronto studiert. Er ist selbstständiger Architekt, Lehrbeauftragter an den Hochschulen Hannover und Bielefeld und Zeichner. Bei seiner Arbeit als Zeichner lässt er sich von Geschichten und Orten inspirieren. Die Erlebnisse und Erfahrungen, die er, ausgestattet mit dem Skizzenbuch, in der Welt macht, möchte er durch seine Illustrationen weitergeben. Weitere Informationen unter: www.stadtzeichner.de.

Sylvia Remé
Dietrich Kittner
Porträt der Kabarettlegende

304 Seiten, 20,50 x 12,50 cm
Paperback
ISBN 978-3-86674-617-6

Fünfzig Jahre lang stand der Kabarettist Dietrich Kittner auf der Bühne, um Politikern und Wirtschaftsvertretern die Leviten zu lesen. Das handelte ihm den Ausschluss aus der SPD ein und führte dazu, dass er im Fernsehen nicht mehr auftreten konnte. Seine Bühnenauftritte aber konnten ihm nicht verboten werden – und die waren stets ausverkauft. Nicht zuletzt wurde sein Wirken mit dem Deutschen Kleinkunstpreis geehrt.

Sylvia Remé erzählt in ihrer Biografie die Geschichte eines zeitlebens unbeugsamen, aber auch umstrittenen Künstlers. Indem sie Kittners politisch-satirische Kunst historisch einordnet, öffnet sie einen Weg, dessen Werk neu zu entdecken.

»Mit viel Liebe zum Detail geschildert – bis hinein in ganz persönliche Bereiche. (...) Das macht Spaß.«
Neue Presse Hannover

Imre Grimm
Über Leben in Deutschland
Kolumnen aus einem lustigen Land

268 Seiten, 12,50 x 19,50 cm
Hardcover
ISBN 978-3-86674-816-3

Warum reißt bei Männern sofort der dünne Firnis der Zivilisation, sobald die Familie aus dem Haus ist? Wie funktioniert die Yogafigur »Der schwankende Kugelfisch«? Hat die NASA vegetarischen Brotaufstrich erfunden, um Risse im Hitzeschild abzudichten? Stimmt es, dass Zwölftonmusiker uns alle veräppeln? Und was nützt einem alles Geld der Welt, wenn es einem anderen gehört?

Seit zwei Jahrzehnten beobachtet Imre Grimm in seinen Texten den deutschen Alltag – sprühend vor Witz und voller Liebe zur Sprache. Seine Artikel erscheinen in ganz Deutschland, seine wöchentliche Kolumne ist ein von vielen Lesern herbeigesehnter Fundus der Absonderlichkeiten – geistreich und wortgewandt, aber niemals prätentiös.

»Wortgewitter der kultivierten Entrüstung (...). In seinem Buch ›Über Leben in Deutschland‹ zelebriert Grimm die anspruchsvollste Form der Leseunterhaltung.«
Hannoversche Allgemeine Zeitung

Maura Ecco, Gerry Linda
Im Dickicht der Sichtachsen

240 Seiten, 21,00 x 30,00 cm
Hardcover
ISBN 978-3-86674-837-8

Was kann zeitgenössische Fotografie zum aktuellen Kunst-
diskurs und zur Analyse gesamtgesellschaftlicher Befunde
beitragen? Das Künstlerkollektiv bonnataxi, bestehend aus
Maura Ecco und Gerry Linda und benannt nach einer unver-
hofft inspirierenden Begegnung mit einem Bonner Taxifahrer,
hat sich auf die Suche gemacht. Herausgekommen ist ein Bild-
band, der manchmal aufrüttelt, hin und wieder verstört und
bisweilen tröstet, jedoch nie kaltlässt. Sachlich-nüchterne Bilder treffen auf opulent interpretierendes Textwerk. So eröffnen sich ungeahnte Blickwinkel auf fotografische und philo-
sophische Fragestellungen, denn inhaltliche oder ästhetische
Beschränkungen sind dem Duo fremd.

Das Künstlerkollektiv bonnataxi macht Fotografie in Bild
und Wort erlebbar und erschafft damit eine ganz neue Dimen-
sion der Fotokunst: Was ist hier Kunst, was ihre Persiflage?

**»Ein großes Lesevergnügen, bei dem man auch immer
wieder nachdenklich-philosophische Krumen aufsam-
meln kann.«**

Hannoversche Allgemeine Zeitung